Você não
pode
deixar
tudo para
depois

Jeffery Combs

Você não pode deixar tudo para depois

e outras lições de um protelador em dia com suas pendências

Editora Saraiva

Editora Saraiva

Rua Henrique Schaumann, 270
Pinheiros – São Paulo – SP – CEP: 05413-010
Fone PABX: (11) 3613-3000 • Fax: (11) 3611-3308
Televendas: (11) 3613-3344 • Fax vendas: (11) 3268-3268
Site: http://www.saraivauni.com.br

Filiais

AMAZONAS/RONDÔNIA/RORAIMA/ACRE
Rua Costa Azevedo, 56 – Centro
Fone/Fax: (92) 3633-4227 / 3633-4782 – Manaus

BAHIA/SERGIPE
Rua Agripino Dórea, 23 – Brotas
Fone: (71) 3381-5854 / 3381-5895 / 3381-0959 – Salvador

BAURU/SÃO PAULO (sala dos professores)
Rua Monsenhor Claro, 2-55/2-57 – Centro
Fone: (14) 3234-5643 – 3234-7401 – Bauru

CAMPINAS/SÃO PAULO (sala dos professores)
Rua Camargo Pimentel, 660 – Jd. Guanabara
Fone: (19) 3243-8004 / 3243-8259 – Campinas

CEARÁ/PIAUÍ/MARANHÃO
Av. Filomeno Gomes, 670 – Jacarecanga
Fone: (85) 3238-2323 / 3238-1331 – Fortaleza

DISTRITO FEDERAL
SIA/SUL Trecho 2, Lote 850 – Setor de Indústria e Abastecimento
Fone: (61) 3344-2920 / 3344-2951 / 3344-1709 – Brasília

GOIÁS/TOCANTINS
Av. Independência, 5330 – Setor Aeroporto
Fone: (62) 3225-2882 / 3212-2806 / 3224-3016 – Goiânia

MATO GROSSO DO SUL/MATO GROSSO
Rua 14 de Julho, 3148 – Centro
Fone: (67) 3382-3682 / 3382-0112 – Campo Grande

MINAS GERAIS
Rua Além Paraíba, 449 – Lagoinha
Fone: (31) 3429-8300 – Belo Horizonte

PARÁ/AMAPÁ
Travessa Apinagés, 186 – Batista Campos
Fone: (91) 3222-9034 / 3224-9038 / 3241-0499 – Belém

PARANÁ/SANTA CATARINA
Rua Conselheiro Laurindo, 2895 – Prado Velho
Fone: (41) 3332-4894 – Curitiba

PERNAMBUCO/ ALAGOAS/ PARAÍBA/ R. G. DO NORTE
Rua Corredor do Bispo, 185 – Boa Vista
Fone: (81) 3421-4246 / 3421-4510 – Recife

RIBEIRÃO PRETO/SÃO PAULO
Av. Francisco Junqueira, 1255 – Centro
Fone: (16) 3610-5843 / 3610-8284 – Ribeirão Preto

RIO DE JANEIRO/ESPÍRITO SANTO
Rua Visconde de Santa Isabel, 113 a 119 – Vila Isabel
Fone: (21) 2577-9494 / 2577-8867 / 2577-9565 – Rio de Janeiro

RIO GRANDE DO SUL
Av. A. J. Renner, 231 – Farrapos
Fone: (51) 3371- 4001 / 3371-1467 / 3371-1567 – Porto Alegre

SÃO JOSÉ DO RIO PRETO/SÃO PAULO (sala dos professores)
Av. Brig. Faria Lima, 6363 – Rio Preto Shopping Center – V. São José
Fone: (17) 3227-3819 / 3227-0982 / 3227-5249 – São José do Rio Preto

SÃO JOSÉ DOS CAMPOS/SÃO PAULO (sala dos professores)
Rua Santa Luzia, 106 – Jd. Santa Madalena
Fone: (12) 3921-0732 – São José dos Campos

SÃO PAULO
Av. Antártica, 92 – Barra Funda
Fone PABX: (11) 3613-3666 – São Paulo

304.451.001.001

ISBN 978-85-02-18212-7

CIP-BRASIL. CATALOGAÇÃO NA FONTE
SINDICATO NACIONAL DOS EDITORES DE LIVROS, RJ.

C724v

Combs, Jeffery

Você não pode deixar tudo para depois : e outras lições de um protelador em dia com suas pendências / Jeffery Combs; [tradução de Giovanna Matte]. - São Paulo : Saraiva, 2012.

Tradução de: The procrastination cure : 7 steps to stop putting life off
ISBN 978-85-02-18212-7

1. Procrastinação. I. Título.

12-4030. CDD: 155.232
CDU: 159.947
18.06.12 25.06.12 036364

Tradução de *The procrastination cure*, de Jeffery Combs.
Tradução autorizada da edição original em inglês publicada nos Estados Unidos por The Career Press.

Direção editorial	Flávia Alves Bravin
Coordenação editorial	Alessandra Marítimo Borges Ana Paula Matos Gisele Folha Mós Juliana Rodrigues de Queiroz Rita de Cássia da Silva
Produção editorial	Daniela Nogueira Secondo Rosana Peroni Fazolari
Marketing editorial	Nathalia Setrini Luiz
Suporte editorial	Najla Cruz Silva
Arte e produção	MSDE / MANU SANTOS Design
Capa	Weber Amendola
Produção Gráfica	Liliane Cristina Gomes
Tradução	Giovanna Matte / Entrelinhas Editorial
Impressão e acabamento	RR Donnelley

Contato com o editorial
editorialuniversitario@editorasaraiva.com.br

Apresentação

Este livro é dedicado a todos os procrastinadores: tanto os ocasionais quanto os crônicos. Pelos últimos 20 anos tenho testemunhado muitas pessoas qualificadas e cheias de talento sabotarem a si mesmas em virtude da procrastinação. Por mais de dez anos na minha carreira empresarial, desenvolvi equipes e organizações de vendas e fiquei impressionado com o número de pessoas que repeliam e/ou evitavam o aprendizado dos hábitos e das habilidades associados às vendas. Comecei a fazer anotações de quantos deles adiavam dominar o processo de vendas sem disfarçar o sofrimento perceptível associado a isso. E então começou a minha jornada de entender a ciência por trás dos motivos que levam tantas pessoas a protelarem.

Há mais de 13 anos, comecei a instruir e orientar pessoalmente empresários, donos de negócios, atletas, artistas, pessoas com vícios e indivíduos de todas as carreiras. Fui um instrutor para mais de 6 mil clientes e dediquei 60 mil horas da minha vida pessoal a isso. Fui testemunha de muitos procrastinadores. Também descobri que há muito pouco material escrito e pouco conhecimento sobre esse assunto que afeta tanto uma grande parcela da população. Este livro é um manual baseado em minha experiência prática, minhas pesquisas e o meu comprometimento com o estudo sobre os motivos da nossa procrastinação. Ofereço métodos específicos para ajudá-lo a se livrar dos fatores que o levam a adiar algo para que você sofra menos os efeitos dessa prática. Além disso, ofereço uma compreensão dos seis principais tipos de procrastinadores e as suas semelhanças, apresentando técnicas e habilidades que o ajudam a estar à frente de eventos, pessoas e situações que o levem a protelar.

Nas próximas páginas, você irá entender por que é um procrastinador e aprender as etapas detalhadas de como superar isso. Seja paciente à medida que conhecer qual é o seu tipo de procrastinador e as razões que o levam a agir assim. Seja perseverante porque a transformação da procrastinação ocasional e crônica não acontece da noite para o dia. Você deve se comprometer e levar a sério o desapego dos fatores que geram e perpetuam a sua procrastinação.

Se você está lendo este livro, está dando o primeiro passo para ser um procrastinador reabilitado. Parabéns! Você merece desfrutar os benefícios de abandonar a identidade de procrastinador e reinventar a si mesmo como a nova pessoa que você merece ser.

Com gratidão,

Jeffery Combs

Sumário

Introdução

Antes de começarmos, tenho de confessar uma coisa: Eu, Jeffery Combs, presidente e fundador do Golden Mastermind Seminars, Inc., adiei escrever este livro. Tive a ideia do livro há muitos anos quando percebi que havia muito pouco material disponível sobre o assunto – visite qualquer livraria no seu país e você vai penar para encontrar livros e CDs específicos sobre a procrastinação. O motivo? Trata-se de um assunto muito mal compreendido – pouco se conhece sobre como se livrar da procrastinação, de como reconhecer e diluir os sentimentos que levam a ela, e de como desenvolver a habilidade de produzir e também de relaxar sem culpa.

A procrastinação é um efeito – não uma causa

Todos nós postergamos de vez em quando. A procrastinação pode ser definida como o adiamento de um projeto, uma tarefa, ou um curso de ação pretendido, sem a parte da culpa ou o constrangimento do atraso. De 15% a 20% dos adultos evitam rotineiramente atividades que, quanto antes cumpridas, melhor. Em pesquisas independentes realizadas em 2007, de 80% a 90% de todos os universitários admitiram que tinham grandes problemas com isso.

A procrastinação é um efeito, não uma causa. Você não adia seus compromissos porque é um procrastinador. Mas o faz porque há motivos que criaram esse efeito e, para começar a virar o jogo, é importante entender o motivo que o torna um procrastinador.

À medida que passa pelo conteúdo deste livro, gostaria de destacar algo importante: se você se autodenomina um procrastinador, essa palavra se torna a sua identidade. Ninguém é um procrastinador o tempo todo em todas as áreas da vida. No entanto, postergamos em áreas isoladas nas quais detectamos dor, para nos rebelar, ou para controlar uma situação. Muitas pessoas rebeldes na própria procrastinação se rebelam contra o próprio sucesso. Isso é levar o adiamento ao extremo.

A forma mais comum para protelarmos algo é inventar uma desculpa para eliminar a percepção da dor. Se somente o fato de pensar nas tarefas do dia seguinte traz sentimentos de ansiedade, dor, ou desconforto, há uma grande probabilidade de que você crie algo mais trivial para evitar essa dor. Em outras palavras, você provavelmente não irá deixar as tarefas menos críticas para depois. Esse é o principal motivo para se distrair. É o motivo para se organizar a fim de fazer ligações de negócios e de repente se ver abrindo a geladeira.

A procrastinação é epidêmica

A procrastinação, francamente, é uma epidemia e por isso só pode ser controlada se a causa subjacente é descoberta. Meu objetivo com este livro é ensiná-lo a identificar o que causa a procrastinação e a neutralizar os sentimentos consequentes. Mostrarei como passar de procrastinador a producente. Não importa quem você seja, este livro o ajudará a vencer a procrastinação e viver a vida que sempre sonhou.

PARTE 1
O que é procrastinação

Capítulo 1
UMA VISÃO GERAL SOBRE A PROCRASTINAÇÃO

No começo da minha carreira empresarial, tive a consciência de uma tendência de procrastinação que se criava em grandes equipes de vendas pelos Estados Unidos. As pessoas compareciam às minhas reuniões, aos eventos, seminários, convenções, treinamentos e iam embora inspiradas e animadas. Então, chegavam em casa, ao ambiente familiar e postergavam ao invés de produzir.

Esses indivíduos entravam para o que chamo de Programa de Proteção à Testemunha, ou seja, elas não retornavam minhas ligações, nem respondiam meus e-mails – eu não tinha mais notícias delas. No começo, isso me deixava desorientado; ficava chocado com o número de pessoas que realmente seguiam os próprios objetivos. Elas pretendiam agir da forma necessária, mas não se comprometiam de verdade.

Eventualmente entendi que esse é o comportamento comum da maior parte da sociedade. Uma grande porcentagem da população busca mudança, mas esses indivíduos não conseguem agir, porque a luta e a dificuldade tornaram-se sua própria identidade, então, mudança e sucesso seriam uma contradição a eles mesmos. Até 2011 instruí e orientei cerca de 6 mil clientes. Isso se soma a cerca de 60 mil horas da minha vida pessoal ajudando pessoas a entender como se sentem, para que possam mudar seus sentimentos e finalmente a maneira como agem.

Previsivelmente, de 80% a 90% dos meus clientes estão presos ao hábito de adiar.

Hoje tenho paixão em ver indivíduos entenderem não só a razão de se sentirem dessa forma, mas também reconhecerem os eventos que trouxeram esses sentimentos. Se você se limitar a detectar o efeito, nunca encontrará a causa – e é com a causa que aprende a viver a solução. Se viver o efeito, o problema continuará existindo.

Veja, por exemplo, as dietas e os exercícios físicos. Se a comida é uma solução que o afeta, entrar em uma dieta e começar um programa de exercícios serão fatores para a perda de peso. Porém, no final, eles são apenas o motivo superficial que criam o efeito. Se você começar a visualizar os motivos que o levam a comer, conseguirá chegar à causa da sua protelação e resistência à perda de peso. Muitos de nós começamos uma dieta no final de dezembro ou janeiro e, em algum ponto por volta de março ou abril, a disposição desaparece. Nós vamos à academia em janeiro e fevereiro, e então o número de inscrições despenca em março e abril. O sol aparece, o clima fica agradável e nós perdemos nosso objetivo de vista.

Uma breve história sobre procrastinação

A procrastinação existe desde a existência do ser humano, ainda que nas sociedades primitivas uma colheita tardia pudesse levar à fome. Voltando aos anos de 800 a.C., o poeta grego Hesíodo equiparou a procrastinação ao pecado ou à preguiça. Conforme a sociedade seguiu rumo à era industrial, postergar tornou-se mais fácil uma vez que as máquinas permitiam que as pessoas trabalhassem menos.

Hoje, na era da tecnologia, a procrastinação está prosperando. Não prestar atenção, preparar-se para estar preparado, navegar na web, entreter-se com jogos de computador, assistir ao redutor eletrônico de renda (isto é, a televisão), são apenas algumas das maneiras pelas quais uma boa maioria da população evita fazer o que pretende fazer, mas sem um comprometimento pleno para alcançar: sonhos, objetivos e até alguns compromissos. Facebook, Twitter e outras mídias sociais criaram um novo jeito de se manter conectado – e um novo jeito de protelar.

"Vou fazer uma prospecção no Facebook", você pensa. Em vez disso, você acompanha todas as postagens, mas não faz nenhuma conexão porque fica tentado a evitar a dor da rejeição que percebe. Esse é um bom exemplo de estar ocupado no lugar de estar produzindo. A atratividade da rede social adia o que deveria estar fazendo enquanto passa mais tempo fazendo o que não queria realmente. Sucumbir a essas tentações pode custar bem caro. Pode lhe custar tempo; pode lhe custar dinheiro. E mais importante, pode fazê-lo se sentir culpado e envergonhado, o grau mais baixo de sentimentos que transmitimos aos outros telepaticamente por meio de nossas vibrações emocionais. Uns dos graus mais altos de sentimentos que transmitimos por meio de vibrações são o amor, a serenidade e a plenitude – acredito que concordará que são emoções desafiadoras de conciliar quando se está na teia da procrastinação!

Os custos financeiros da procrastinação

Especialistas financeiros estimam que 40% da população já experimentou uma perda financeira por conta de adiarmos nossos compromissos – e em muitos casos a perda foi severa. Em 2002, os Estados Unidos pagaram 473 milhões dólares a mais em impostos como resultado da pressa e dos erros resultantes. Cada ano, uma grande porcentagem da população espera até o último minuto para apresentar suas declarações fiscais. Um número alarmante de pessoas solicita prorrogações e ainda corre contra o tempo para cumprir o prazo da prorrogação.

Tive uma cliente que não pagava os impostos havia 15 anos. Ela estava tão ansiosa pela repercussão da situação que não conseguia declarar seus impostos por medo do desconhecido e não conseguia dormir à noite. Ela sabia que uma hora ela teria de encarar as consequências. No entanto, ela não era uma contestatária e a questão não era que não queria pagar seus impostos. Não era desonesta ou desleal ao país. Era simplesmente uma procrastinadora crônica.

Procrastinadores ocasionais

Há uma grande diferença entre uma pessoa que protela ocasionalmente e e outra que o faz cronicamente. Vamos abordar o procrastinador crônico depois. Por enquanto, vou assumir que a maioria dos que leem este livro são do primeiro tipo. Vocês são procrastinadores medianos. Não são viciados em adiar, mas há áreas em que a procrastinação os prende.

Veja a sua conta bancária. A postergação é um obstáculo aí? Dê uma olhada em seu físico e sua saúde. A procrastinação o está segurando? Veja sua escrivaninha. Ela está abarrotada de papéis de que não consegue se livrar? A sua casa é um labirinto de desordem? E seu armário? Quando o abre, suas roupas vêm abaixo? Ou talvez você seja uma daquelas pessoas cuja garagem é tão entulhada de coisas que não há espaço para o carro. Isso é procrastinação!

Perguntas-chave para fazer a si mesmo:

> Qual é o subproduto da minha procrastinação?
> Protelar me provoca culpa e vergonha?
> Eu me sinto oprimido quando se trata de um processo de mudanças?
> Meus problemas com abandono e rejeição me impedem de usar o gerador de renda eletrônico (isto é, o telefone)?
> O adiamento me impede de evitar a produção?
> A dor percebida resultante da produção é um obstáculo para mim?
> Será que a produção me libertaria?

Perfeição — ou maestria?

Não importa o que faça, você nunca chegará aos 100%. A questão não é ser 100% alguma coisa. A questão é fazer o seu melhor. Você sempre terá desafios. Terá altos e baixos. No entanto, a sua habilidade de se recuperar vai determinar se apenas faz parte do jogo ou se o domina.

Você é brilhante. Já é perfeito. Sua alma está passando por experiências humanas. É excepcional. Tem o que é preciso: tem coragem. Porém, a maioria de vocês não jogou ainda. Não se comprometeu, não tomou uma decisão. A boa notícia é que cada novo dia você recebe um presente chamado "tempo", que equivale a 86.400 segundos, ou 1.140 minutos.

Quando se trata de produção e adiamento, um o liberta e o outro o intoxica. A libertação que vem da produção – de uma tarefa bem-feita; de receber um prêmio, de um cheque, de um pagamento, ou de um sinal positivo; de um dever cumprido, de atravessar o palco e receber um prêmio, receber um abraço de um colega ou de um familiar – é revigorante. Em contrapartida, a intoxicação que herdamos da procrastinação – a culpa, a vergonha, o sentimento predominante de indignidade ("Não sou bom o suficiente", "Não acredito que fiz isso de novo", "É tão grande que nem sei por onde começar") – é um dos maiores desafios.

A procrastinação é uma questão para o lado esquerdo do cérebro

O que é fascinante sobre a procrastinação é que tudo acontece no lado esquerdo do cérebro. O lado esquerdo do cérebro é a mente egoísta, a mente de controle. É importante entender que a postergação não é física. Seus resultados se manifestam fisicamente, mas o começo de tudo é de ordem emocional. É nesse ponto que o lado esquerdo entra em cena. Com a liberação de dopamina, você começa a se sentir mal. O lado esquerdo controla a sua voz interior, dizendo o que você não pode fazer. Ela começa a falar da dor que pode se originar. "Provavelmente vou falhar nisso", "Não há chance nenhuma de que isso aconteça", "Se fizer isso, aquilo pode acontecer", "Não vai dar certo", "Não vou", "Vai chover" – é a mente egoísta falando. Esta é a voz interior de um corpo que continua a sofrer a dor.

Em contraste, um corpo que está experimentando prazer libera um bioquímico totalmente diferente chamado serotonina. Esse é o fator de bem-estar. Se eu fosse dar apenas uma visão que o fizesse começar a liberar serotonina, seria: comece um simples sorriso – um sorriso genuíno. Essa pequena ação irá trazer um calor para o seu corpo, que o permitirá dizer "Eu sou o suficiente. Eu sou adorável. Eu sou capaz". Afirmações são positivas, mas elas devem ser seguidas de ações, pois palavras sem ações são apenas declarações vazias. Afirmações sem uma ação finalizadora são apenas mais um conjunto de declarações que irão levar à decepção. Para alcançar seus objetivos, o primeiro passo é uma voz interior positiva combinada a ações positivas. Esse padrão repetido consistente e diligentemente em tempo sempre o levará para frente em todos os aspectos da vida.

Além da motivação

O que vai ajudá-lo a vencer a procrastinação? Duas situações:

1. Entender por que você adia e por que faz o que faz.
2. Criar motivos, metas, propósitos e objetivos que sejam maiores do que seus problemas com a procrastinação.

Você deve desenvolver algo na visão da sua mente, na sua imaginação – algo que seja claro, algo que o motive.

No entanto, além da motivação está a inspiração. A inspiração é aquele fogo aceso, aquela paixão dentro dos seus músculos, nas suas veias. A inspiração fica na metade inferior do corpo, onde está toda a energia etérea e emocional. É a energia de luz branca chamada carisma, que os outros ao seu redor podem sentir. Eles a sentem e querem fazer parte dela.

A inspiração é um poder silencioso que o levará através dos seus desafios. Ela o ajudará a subir novamente no cavalo quando você for jogado para baixo. Ela o ajudará a retomar o curso quando o sistema ativador reticular do seu cérebro, também conhecido como o seu mecanismo de busca sentimental do Google, e o desviará do curso. Não importa o quanto melhore, você ainda irá protelar em áreas isoladas. A procrastinação é um efeito que aprenderá a identificar, para eventualmente descobrir as suas causas.

Você não é um procrastinador

Eis a base para entender como causa e efeito funcionam: você tem pensamentos, que se tornam sentimentos... sentimentos se tornam estados de espírito... estados de espírito se tornam sua identidade. Esse é começo para entender que não é um procrastinador. Muitas pessoas dizem "Eu serei o primeiro a comprar aquele livro! Mal posso esperar pelo lançamento do novo CD do Jeff, *Confissões de um procrastinador reabilitado*, porque eu sou um procrastinador". O adiamento se tornou a identidade do indivíduo.

Em vez disso, pratique falar para si mesmo "Eu procrastino em áreas isoladas que eu: (1) não entendo, (2) estou aprendendo a me livrar, e (3) percebo dor". Em vez de se autodenominar procrastinador, afirme que é um procrastinador em reabilitação. Este é o programa de 12 etapas para a libertação, riqueza e alegria.

O bem mais valioso que se tem na vida é o tempo. O segredo é transformar o tempo em valor, em serviço, em resultados, em alegria, em descontração, em produção, em conexões. Gastamos o tempo de duas maneiras principais: descontração e produção. Quando você dedica tempo experimentando uma dessas modalidades, há muito mais a ganhar se estiver livre de culpa.

A procrastinação tem um efeito enorme na saúde e na riqueza. Você já adiou uma ida ao médico ou ao dentista? Muitos de nós já, por causa da ansiedade percebida quanto ao resultado. Admito: procrastino minhas idas ao dentista. Mesmo com um dentista incrível, isso não é suficiente para um *checkup*. Já esperei 12 anos entre uma consulta e outra! Quando finalmente fui, tive de fazer um tratamento de canal e uma coroa; esse adiamento me custou 5 mil dólares.

Aborde o seu vício emocional

A Universidade de Windsor, em Ontário, informou que os procrastinadores adultos tinham níveis mais altos de estresse e mais problemas agudos de saúde do que os indivíduos que concluíam suas tarefas pontualmente. Uma pessoa fica mais inclinada a protelar se a tarefa em questão é maçante, tediosa, ou dolorosa. Vamos encarar os fatos: quem fica animado em ter de enfrentar uma garagem tão entulhada a ponto de não conseguir estacionar o carro dentro dela? Quem quer passar o sábado arrumando toda a bagunça que fizeram em casa, juntando todas as revistas, *memorabilia* e pilhas de utensílios que colecionaram durante anos?

Há uma tendência para o procrastinador em adiar os maiores projetos até o último minuto. Lembra na faculdade, você amontoado de provas finais para estudar? Eu fui para a faculdade nos anos de 1970 e não era raro que eu tomasse

NoDoz – um estimulante do SNC composto de cafeína e de ação rápida que ajuda a manter-se desperto e alerta – com meus colegas, bebesse café e usasse outras substâncias ilícitas para nos acompanhar na procrastinação.

Você já correu para o aeroporto e chegou lá em cima da hora para o voo? Se atrasa para os compromissos, funcionando à base da descarga de adrenalina que segue imediatamente o cumprimento do seu prazo? Essa maneira de agir é comum para muitas pessoas. Elas chamam atenção por estarem atrasadas, recebem uma grande injeção de adrenalina ao fazerem tudo em cima da hora, esperam até a dor estar forte o suficiente. Eu sei – já passei por tudo isso.

Percebi que tinha problemas com bebida aos meus 20 e poucos anos, quando comecei a consumir grandes quantidades de álcool. Já era problemático o suficiente quando comecei a ser autuado por dirigir embriagado e tive episódios de intoxicação pública. Sabia, com meu lado direito criativo do cérebro, que tinha um problema, mas meu lado esquerdo me manteve negando. Minha mente lógica e egoísta me impediu de encarar o problema e procurar uma solução. Enquanto isso, prometia que não beberia mais, mas demorou seis anos até que eu tivesse meu primeiro dia de sobriedade. Felizmente, desde esse primeiro dia, nunca mais bebi. Esse é um exemplo de quando se permite que a procrastinação atinja um estágio problemático, ao ponto de eu quase ter de morrer para mudar. Essa não é a melhor maneira de abordar um vício emocional.

Risco e recompensa

A quantidade de tempo antes da data de entrega de um projeto também influencia na probabilidade de adiamento. Ficamos mais inclinados a adiar uma tarefa quando o prazo está longe. Isso acontece por causa do fenômeno conhecido como "atraso temporal" e significa que, quanto mais distante uma pessoa está de uma recompensa ou de um sentimento de realização, quanto menos certa ela se sente em atingir o resultado final, maior é a probabilidade de que ela resista a tomar a atitude necessária para conquistar essa recompensa. Em outras palavras, a gratificação imediata é mais motivadora que prêmios ou elogios recebidos como recompensa por tarefas realizadas no futuro. O fator de risco ou recompensa é muito maior quando a recompensa está próxima, bem a sua frente.

A característica mais comumente ligada à procrastinação é a falta de consciência. Uma pessoa que é altamente consciente e organizada, geralmente é laboriosa e produtiva. Eu tenho um método; tenho uma rotina, mas nem todos na minha família são perfeccionistas e organizados como sou. Indivíduos que não têm consciência apresentam uma grande probabilidade de postergar.

Se sua vida é cheia de caos e dramas, o primeiro passo a tomar é perdoar a si mesmo. Não se julgue. Se você tem uma pilha de coisas para encarar, não fique nervoso ao olhar para ela. Quando você reage assim, seu corpo entra no estado de lutar ou fugir.

Pessoas muito impulsivas também são propensas a adiar. A tentação é uma forma simples de desviar o procrastinador do seu curso. Os procrastinadores estão constantemente em situações adversas, esperando até o último minuto para saírem correndo e se salvarem. Eles funcionam à base da descarga de adrenalina, seguida de uma forte depressão do organismo. São viciados química e emocionalmente em altos e baixos. A química do cérebro – adrenalina, cortisol, dopamina, serotonina e a conexão emocional entre corpo e mente – pode explicar isso. O cérebro fica viciado nas substâncias químicas liberadas no corpo durante os estados altamente emocionais, assim como nas substâncias liberadas imediatamente após esses eventos.

Procrastinação e ansiedade

A procrastinação também está diretamente ligada à ansiedade, uma derivação de dimensão da personalidade humana, que se refere ao nível crônico de ajustamento e instabilidade emocional. A ação de tomar uma iniciativa é facilmente adiada por causa da ansiedade em fracassar. O diálogo interno do subconsciente diz coisas como "Tenho receio de não conseguir ser perfeito; Eu vou cometer algum erro. Eu perderei o prospecto ou o amigo. Não serei capaz de agir conforme meus padrões. Não estou preparado o suficiente". Há muitos outros motivos, justificativas, validações e desculpas descaradas. E uma desculpa não passa de uma mentira bem pensada.

Usamos as palavras (e às vezes até os barulhos) para gerar nossa procrastinação. Você já fez uma pergunta a uma pessoa e o primeiro som que saiu da boca dela foi "Hum", seguindo de "bom..."? Nessa situação, a pessoa está, na realidade, delongando para articular uma resposta. Quando faz uma pergunta, ela absorve de imediato e recorre ao lado esquerdo do cérebro. Em vez de falar o que sente, ela entra no modo reflexivo; em vez de emotiva, é lógica. Quando finalmente começa a falar, em geral, começa a se justificar ao invés de falar o que vem de sua verdadeira intuição.

Perfeccionismo neurótico

Há duas formas de perfeição: prática e neurótica. Você pode ser neurótico em sua própria perfeição. Você pode ser absolutamente organizado, detalhista, um perfeccionista neurótico. Exploraremos esse tipo de procrastinador em mais detalhe no Capítulo 2, mas, por enquanto, basta dizer que, se o seu apetite por perfeição o afasta da produtividade, então há uma probabilidade alta de que seja uma neurose.

Se você consegue transformar sua perfeição neurótica em perfeição prática que o recompense (por uma tarefa bem-feita, se sentir bem em relação a uma situação, ser meticuloso apenas em determinadas áreas), então ela é saudável. Porém, se você é tão neurótico que mal consegue começar, se é tão neurótico que não consegue sair (provavelmente já ouviu falar de pessoas que têm medo de andar de avião, ou medo de dirigir, ou medo de sair de casa), estas são fobias que constituem sintomas do adiamento.

Indivíduos que são surpreendidos com uma dessas fobias não se sentem no controle de determinada situação, mas o que eles podem controlar é o ficar em casa. Se não voarem, não vão morrer em um acidente aéreo. Se não entrarem em um trem, não se envolverão num acidente de trem. Se não dirigirem, não sofrerão um acidente de carro. Em vez de experimentar essas formas de transporte, eles praticam a procrastinação. Eles podem controlar o saldo das ações se ficarem em casa, mas eles afirmam "Não posso fazer uma viagem", "Ah, gostaria de poder", ou "Preciso encontrar um remédio que 'cure' o meu problema".

Conhece o verso daquela música do Huey Lewis and the News, *I want a new drug, one that don't make me nervous* (Eu quero uma droga nova, uma que não me deixe nervoso)? É isso que acontece com muitos de nós. Estamos condicionados a tomar incontáveis remédios com e sem prescrição para tratar nossas ansiedades e mascarar nossos sentimentos. Alguns de nós somos muito criativos, dizem. Temos Transtorno do Déficit de Atenção com Hiperatividade (TDAH), temos ansiedade, transtornos do sono. Recebemos uma série de remédios para tratar nossos sentimentos e nós acabamos com nossa criatividade enfraquecida.

Abordando os motivos

Para se libertar de verdade, é sua responsabilidade entender por que age dessa forma. Você cresceu com postergadores? Cresceu com perfeccionistas neuróticos ou com um perfeccionista prático? Sempre lhe falavam o que fazer? Você era repreendido por não fazer o que mandavam? Se rebelou contra a ordem? Quando saiu de casa, parou de arrumar sua cama só de rebeldia? Estes são alguns dos tópicos a serem abordados. Caso contrário, você continuará a adiar situações até o último minuto, justificando suas ações com o pensamento de que, se isso não foi bem-feito, as expectativas não precisam ser tão altas na próxima vez, reduzindo a pressão para obter êxito.

Há dois elementos principais que têm um grande papel na vontade de adiar projetos: sentimentos incertos sobre alguma atividade e o desejo de evitar o desconforto. A voz interior do procrastinador diz "Não sei se é a hora certa", evitando o risco do fracasso. A indecisão também tem um papel importante na mente consciente e inconsciente do procrastinador. A pessoa não consegue se decidir. Na verdade, ela consegue se decidir, mas diz a si mesma que não. Ela escolhe não decidir. Não é que não consegue; ela não quer.

Os procrastinadores decidem que precisam de mais treinamento, de um site novo, de um seminário no fim de semana, um instrutor para a vida, um mentor, alguém que os molde. Todas essas coisas podem ser libertadoras se aplicadas na prática, mas se não passar por todas as etapas e nunca aplicar o conhecimento, apenas gerará um "rato" de seminários que continuará a protelar.

Nunca nada é perfeito o bastante para uma grande parte de procrastinadores no mundo, o que os permite justificar sua constante falta de comprometimento. Muitos deles acreditam que precisam da pressão do prazo de última hora para justificar o caminhar lento. Eles se justificam dizendo "Se tivesse começado mais cedo teria feito com perfeição".

Essa justificativa mascara a baixa autoestima, um componente-chave da ansiedade do desempenho, que por sua vez causa a postergação em primeiro lugar.

Desmonte a identidade do procrastinador

Muitos postergadores adorariam desmontar a própria identidade, mas ela já está tão enraizada neles que se torna automático. Para desmontar essa identidade, comece agora mesmo dizendo "Eu protelo em áreas isoladas nas quais percebo dor, ou contra as quais me rebelo. Não sou um procrastinador. Iniciei o processo de me tornar um postergador em reabilitação".

Se você diz a si mesmo "Ah, isso sempre acontece", isso se torna uma certeza. Uma certeza é uma crença, que se transforma em uma expectativa. Se você permite que suas expectativas o definam, elas podem libertá-lo ou intoxicá-lo. Exemplo: se você é muito bom em ganhar dinheiro, e espera ganhar dinheiro, há uma chance grande de que o ganhe, principalmente se for bem-sucedido fazendo isso. Se você se tornou um ímã de dinheiro, há uma grande chance de as pessoas aparecerem para reafirmar suas impressões.

Você atrai para a sua realidade situações e pessoas que preenchem um desejo bioquímico no qual é viciado. Telepática e emocionalmente, você envia uma corrente de sinais com base naquilo que está sentindo ou pensando. Se os sentimentos que você passa vêm de uma autoestima que está muito baixa – foi abandonado ou negligenciado, abusado ou traumatizado –, você atrairá os responsáveis por isso e outros tipos de pessoas com quem não vai querer estar. Atrairá pessoas que trarão conflito ao invés de colaboração.

Mesmo que você adorasse romper com seus sentimentos de procrastinação, fazê-lo exige uma filosofia completamente nova. E se você tentar apenas ser positivo, tudo que estará fazendo será pegar uma lata de spray de motivação e cobrir a ferrugem da procrastinação. Para realmente mudar, você precisa de transformação. Em um nível emocional, deve aprender a transformar esses sentimentos que geram as situações nas quais fica preso. Quando o adiamento se torna crônico, você está sempre na base da autossugestão. Para romper esse hábito, comece abordando as causas, não os efeitos.

Aumente seu nível de consciência

Quais eventos deram partida no seu hábito de procrastinar? Quanto mais você entende o motivo que o leva a fazer o que faz, mais *percepção* desenvolve. A palavra percepção é sinônimo de consciência. O aumento do seu nível de percepção faz aumentar seu nível de consciência, de energia, e o nível de como você se sente a respeito de si. Você precisa de amor – amor-próprio – e ninguém pode lhe dar porque é necessária uma permissão –, e a única pessoa que pode lhe dar essa permissão é você mesmo.

O que você precisa é de autoestima e não de autoconfiança. Confiança é o que se sente em relação a alguma coisa. Autoestima é o que se sente em relação a si. As verdadeiras questões são "O que você faz da vida? Quem é você? E o que está se tornando?". Você quer ser capaz de viver sua vida como uma vocação. O maior desejo da maioria das pessoas é viver uma vida que não as consuma. Sua maior comodidade é o tempo, mas, se a procrastinação rouba o seu tempo, você tem uma situação em desenvolvimento. E essa situação em desenvolvimento vai criar outra situação – sem nenhum amigo, sem nenhum dinheiro, e não por muito tempo. É isso que acontece com uma grande porcentagem da população. Há uma intenção, mas intenção não é o mesmo que comprometimento ou decisão, uma vez que se assume um compromisso de verdade, pode-se esperar qualquer resultado que se deseja de verdade.

Porém, a ruína de muitas pessoas é que elas assumem mais trabalho, mais obrigações, mais situações. Elas ficam sobrecarregadas, por isso adiam.

Sejamos realistas

A solução é traçar metas claramente definidas, e não metas exageradas que o sobrecarregarão, levando-o a postergar antes mesmo de começar. Perguntei a um dos meus clientes recentemente: "Quanto dinheiro você deseja ganhar do conforto da sua casa este ano?".

Ele respondeu: "Bom, vamos chutar uns 200 mil dólares".

Eu disse: "Não vamos não". E continuei: "Sejamos realistas. Você costuma ganhar 200 mil dólares por ano?".

"Se eu costumo ganhar 200 mil dólares por ano?"

"Você está repetindo minha pergunta."

"Qual foi sua pergunta?"

Esse é um exemplo perfeito de alguém que está "viajando". É uma pessoa querida para mim, mas que traçou uma meta tão alta que não conseguiria nem começar a trabalhar nela. Ele não fazia ideia do que eu quis dizer ao perguntar se ele costumava ganhar essa quantia por ano.

Em 2008, o psicólogo Shane Owens e seus colegas na Universidade de Hofstra demonstraram que proteladores que criam compromissos de implementação tinham oito vezes mais chances de seguir adiante com um compromisso do que os que não o faziam. Quando você se torna claro e conciso quanto às suas palavras e sua língua, vai começar a transpirar uma impressão de poder silencioso, também conhecido como a energia emocional e etérea, ou carisma. Os outros sentem quando esse tipo de energia o permeia – é o seu tempero, é o que o orienta. É a inspiração que o conduz através dos obstáculos, desafios e conflitos empresariais.

Apenas faça

Meu conselho para os postergadores é que sigam o conselho simples e eficaz da Nike: *Just do it*. A palavra *procrastinação* vem do verbo em latim *procrastinare*, que significa "adiar até amanhã". Para esses, o adiamento se torna um estilo de vida. E para ser produtivo na vida é preciso conhecimento e libertação do adiamento. A sobrevivência frequentemente depende do cumprimento de tarefas simples, como plantar e colher a tempo e de maneira eficaz. Essa é a diferença entre a sobrevivência e o florescimento, entre apenas conseguir se manter e ser extremamente próspero.

A procrastinação se reflete no folclore e nos provérbios de diversas culturas. Você provavelmente conhece alguns dos ditados a seguir:

"Não deixe para amanhã o que você pode fazer hoje."

"Antes prevenir do que remediar."

"A procrastinação é a ladra do tempo"
(Edward Young, 1742)

Adiar compromissos é mais do que uma questão de administração de tempo. Como muitos de vocês devem ter descoberto ao tentar acabar com esse hábito, técnicas novas de administração do tempo costumam se provar pouco eficazes. Por quê? Porque não é possível administrar o tempo. A questão do tempo tem mais a ver com a administração pessoal do que com a administração arbitrária de um relógio.

Procrastinação, indecisão, decepção

Postergar não é o mesmo que indecisão. Enquanto a indecisão implica a inabilidade de decidir, a procrastinação aparece quando uma pessoa toma uma decisão, mas não a mantém até o final. É possível delongar durante o processo de tomada de decisão. Porém, esse tipo de adiamento não é visto como inerentemente, diferente de outras tarefas adiadas. É um comportamento complexo, composto de elementos lógicos, emocionais e comportamentais. Além disso, é a tendência a adiar ou evitar o cumprimento de um objetivo, com a intenção subconsciente de permanecer decepcionado. Claro, essa é a mesma definição de insanidade: fazer a mesma coisa repetidas vezes e esperar um resultado diferente.

É difícil aceitar quando você percebe que é viciado na decepção. Você tem boas intenções, mas não toma decisões e não se compromete, logo se decepciona.

Metas são pessoais e elas têm muito em comum com a beleza – estão nos olhos de quem vê. O que pode parecer uma meta que valha a pena para você pode não ter a mesma prioridade para o outro. Porém, quando uma tarefa tem valor, mas o seu comportamento não permite que a ação se desenrole para concluí-la, o adiamento está em cena.

A procrastinação também acontece quando não se passa pelas pequenas etapas para atingir metas importantes e de longo prazo. Isso ilustra novamente por que algumas pessoas traçam metas grandiosas e colossais inatingíveis, criando uma desculpa para procrastinar, se sentir mal, e permanecer decepcionado. No livro *Overcoming Procrastination* (Vencendo a procrastinação), os psicólogos Albert Ellis e William Knaus definem a procrastinação como "adiar o cumprimento de tarefas ao ponto do mal-estar".

Para vencer a procrastinação – um dia por vez

Procrastinação é uma tendência a evitar o compromisso, a tomada de decisão, o mal-estar, a dor, o fracasso e, principalmente, o sucesso. Os prazos vencem. Multas atrasadas se acumulam. Compromissos são evitados. Família e amigos ficam chateados. Decepção e ressentimento aumentam, assim como culpa e vergonha. O que eram boas intenções agora são uma fonte de decepção. Isso é familiar?

A procrastinação acontece quando não há uma verdadeira paixão pela ação. É difícil desvendar por que alguém delonga em resposta à natureza autodestrutiva dos resultados. É irracional não desejar mudanças nas áreas que não nos servem na vida.

A falta de planejamento é normal entre os postergadores habituais. Aqueles que vivem com poucos recursos tendem a ficar sobrecarregados com todos os projetos e objetivos atrasados. A personalidade rebelde fica extremamente orgulhosa da não conformidade – tanto que se rebela contra o próprio sucesso. Rebelar-se a ponto de não ter mais planos, é, de fato, um plano para o fracasso.

O adiamento é perpetuado pelas boas intenções, combinadas aos maus hábitos. Vencê-la é como tratar qualquer outro vício – um dia por vez. Você se condiciona a se desligar de sentimentos, eventos, pessoas, violações, abandonos, situações e rejeição. Pode levar um dia, um período de tempo, uma hora – o que for necessário para que você se desligue dos sentimentos que geram a causa.

Lembre-se, é a causa que leva ao efeito. Quando você começar a abordar a causa, parar de adiar compromissos, abrirá uma percepção totalmente nova. Seja qual for a causa desse hábito, é isso que o mantém fazendo a mesma coisa repetidas vezes, sempre esperando um resultado diferente. Fica mais fácil vencer quando a causa é identificada e o novo sistema é aplicado para começar a mudança, dia após dia. A ação deve seguir o plano, ou tudo que você conseguirá será estabelecer mais uma situação para postergar.

Tarefas rotineiras podem não parecer metas, porém situações simples como lavar a roupa, tirar o lixo, fazer compras, passear com o cachorro e fazer exercícios são na verdade submetas dentro da meta principal, de manter o nível de ordem diário. E esteja certo de que a ordem diária definitivamente aparecerá na sua carreira ou na sua empresa.

PARTE 2

Os seis tipos de procrastinadores

Capítulo 2
O PERFECCIONISTA NEURÓTICO

O primeiro tipo de procrastinador é o perfeccionista neurótico. Esse é um tipo muito singular de quem adia, eu mesmo já estive nessa situação muitas vezes. Tenho tendência a ser crítico, tendência a ser 8 ou 80 e a fazer julgamentos de mim mesmo, e acabo julgando os outros também. Isso tudo volta ao controle.

Só para deixar claro, tenho tantos defeitos quanto qualquer um. Nos últimos 25 anos, porém, fui olhar de perto por que eu tinha aquelas atitudes. Minha motivação agora é dar assistência a você, assim como a mim, no entendimento desta palavra-chave quando se trata de transformação: abandonar.

Características dos perfeccionistas neuróticos

Perfeccionistas neuróticos são muitos exigentes e críticos em relação aos outros, mas especialmente em relação a si mesmos. Eles não conseguem começar alguma coisa até que esteja tudo perfeito. Perfeccionistas neuróticos costumam ter o tipo de personalidade 8 ou 80.

Eles querem ser impecáveis – tão impecáveis que ficam paralisados. Essa pessoa costuma ser extremamente meticulosa em seu estilo e maneirismos. São muito sóbrios; muito controlados. Costumam usar roupas escuras – cinza-escuro, preto, azul-marinho. Geralmente usam óculos. São muito inteligentes. Seu desejo de ser impecável os torna muito ansiosos. De todos os tipos de postergadores eles, em geral, são os mais ansiosos e os mais propensos à depressão.

Perfeccionistas neuróticos têm um desejo psicológico por controle, mas isso não significa que eles queiram controlar os outros. Porém eles querem ter o controle do lado esquerdo do cérebro. É por isso que o adiamento se torna tão prevalente para perfeccionistas neuróticos – eles são tão neuróticos que não conseguem lidar com o pensamento do fracasso, então, eles nunca se arriscam e permanecem perfeitos. Eles se tornam neuróticos em sua perfeição, controlando tudo em relação a si mesmos. Desse modo, eles não fracassam, mas acabam decepcionados.

Eles levam o perfeccionismo a tal ponto que não têm tempo para mais ninguém. Pessoas dessa personalidade não conseguem nem mesmo manter um relacionamento verdadeiro, porque os únicos relacionamentos que eles experimentam são os que os decepcionam. Perfeccionistas neuróticos geralmente são divorciados, pois são tão compulsivos acerca das coisas que devem fazer para deixar tudo perfeito antes de tudo, que ninguém consegue entrar no ritmo deles. Não há espaço para mais um em um mundo onde tudo deve ser perfeito. É uma questão de controle. Eu sei – por experiência própria.

Eu costumava tirar racionalmente as pessoas da minha vida porque elas nunca eram perfeitas o bastante para mim. Por conta disso, esperei muito tempo para me casar. Quando finalmente me casei, enfrentei alguns desafios: vivendo tanto tempo como solteiro, ninguém conseguiria se encaixar aos meus moldes. Com o tempo aprendi que, se eu quisesse paz e amor, teria de me adaptar, mudar e abandonar o controle. É quase cômico olhar para trás agora, mas não era na época – poeira, cabelo, todas essas coisas me deixavam maluco. Tudo tinha de ser perfeito. Eu passava aspirador o tempo todo. Em cada cômodo da minha casa tinha um aspirador de pó. Sei que parece ridículo, mas para mim significava controle. Conforme fui aprendendo a abandonar essa perfeição neurótica, descobri pessoas incríveis na minha vida. Elas sempre estavam por perto, mas eu não estava disponível emocionalmente para deixar que elas se aproximassem. Conforme comecei a me desprender, as pessoas que sempre estavam por perto começaram a me recompensar. Passei a perceber o que era colaboração, ao invés de competição.

É uma experiência muito libertadora. Nunca esquecerei um dos maiores anos que já tive na minha carreira, financeiramente. Perguntavam-me: "O que aconteceu com você?", eu sorria e pensava "Bem, mudei". Somente alguém que já tenha passado pela mesma situação pode entender. Espero que, ao ler isto, você entenda minha mensagem de que, para atingir o sucesso, definitivamente é preciso a colaboração dos outros na sua vida.

Perfeccionistas neuróticos preferem trabalhar sozinhos. Por isso, eles se inclinam para a própria carreira quando estão isolados. Muitos perfeccionistas neuróticos trabalham na indústria de computadores, ou se tornam arquitetos ou cientistas. Eles são os clássicos *fazedores*, tendem a trabalhar demais, porém, sem produzir muito. Ficam alucinados, pensando no quanto já fizeram, mas na realidade não fazem muito, pois leva muito tempo até que completem uma tarefa.

Ficam tão absorvidos pelo que estão fazendo, que no final acabam não produzindo muito. Eles desenvolvem um vício em se manterem ocupados. No entanto, toda essa ocupação nem sempre resulta em lucro. Assim como os empresários, os perfeccionistas neuróticos normalmente enfrentam enormes desafios. Em um ambiente controlado, onde eles são os colaboradores, um empregador geralmente consegue se beneficiar muito com eles. No entanto, quando sozinhos, eles tendem a ficar obcecados.

Eles têm dificuldade em determinar prazos razoáveis e realistas para a conclusão de um projeto. Em geral, não se entendem bem com prazos, pois querem que tudo saia perfeito. Escrevem e reescrevem, fazem revisão após revisão e não conseguem entregar ou não conseguem começar por causa da pressão de fazer tudo perfeito. Devem seguir o roteiro certo, ter a melhor história, os melhores detalhes. Devem criar a situação certa, ter o cenário perfeito, além de entrar na empresa certa e, consequentemente, pular de empresa em empresa, de posição em posição. É totalmente exaustivo.

Perfeccionistas neuróticos esperam até o último minuto para terminar as coisas. Eles recebem uma descarga de adrenalina ao saírem correndo para salvar a si mesmos. Eles esperam até o último momento para pagar os impostos; para escreverem no blog. Eles esperam até o prazo estar se esgotando para terminar um projeto. Eles esperam até não poder mais para chegar ao aeroporto. Esta se torna uma grande marca da personalidade deles: eles sempre estão atrasados para tudo.

Isso pode ter origem em uma infância como filho caçula ou filho único, que foi negligenciado e deixado de lado. Como crianças, as pessoas notavam quando eles esperavam até o último minuto, e na cabeça deles "pouco amor" é melhor que amor nenhum. Por exemplo, um de meus clientes me confidenciou que ele era o mais novo de oito irmãos, com muitos anos de diferença entre ele e os outros. Quando ele nasceu, sua mãe e seu pai já estavam esgotados. Ele aprendeu um jeito de chamar atenção estando atrasado para tudo: se atrasava para ir à igreja, para ir à escola. Sempre era advertido, apesar de ser altamente capaz. Já adulto, ele se atrasava para chegar ao aeroporto, para o trabalho, para seus compromissos e, embora ele sempre parecesse receber atenção, isso não o ajudou mais tarde na vida, pois ele costumava ser despedido.

Traçam metas muito altas e acabam paralisados por elas. Se essa descrição bate com você, é hora de ser objetivo. Há muita pressão sobre os empresários, vendedores autônomos e os que trabalham com venda direta, para a determinação de metas. Somos ensinados a escrever nossas metas. A ter metas grandiosas e audaciosas, metas maiores que nossos problemas. E claro, é uma questão de mérito, porém, se você traça metas tão altas que o paralisam, isso não o está conduzindo ao progresso.

Perfeccionistas neuróticos depositam toda a confiança em suas habilidades e talento – essa personalidade costuma ter um grande ego e uma pequena conta bancária. Estamos generalizando, é claro, mas, como regra, esse tipo é tão esperto que confia na inteligência e no talento, e eles não costumam manifestar os hábitos necessários que os levam ao sucesso.

Eles vacilam entre o dar tudo e nada. Ser tudo ou nada proporciona-lhes euforia. Voam até o aeroporto e dão tudo o que têm para chegar àquele terminal. Passam pela linha de chegada e alcançam o seu assento, mas não na hora certa. O verdadeiro sucesso não é assim; sucesso é um processo metódico. O sucesso é mais uma intensidade tranquila do que uma intensa que libera adrenalina, e perfeccionistas neuróticos realmente podem ficar viciados nela.

É daí que vem o termo viciado em adrenalina. Essas pessoas adoram saltar de paraquedas e se envolver em todos os tipos de atividades arriscadas. Gostam de esquiar em penhascos. No entanto, esse tipo de atitude no trabalho não leva ao sucesso. Todos nós já vimos jogadores de futebol baterem a cabeça um contra o outro. Isso alimenta a adrenalina e os ajuda a ganhar o campeonato. Porém eles não podem viver assim todo dia, dando tudo de si, é por isso que muitos atletas e artistas enfrentam desafios quando a carreira termina: a sobrecarga os ajuda a avançar. Esse tipo de personalidade acorda sobrecarregado e vai dormir sobrecarregado. Eles ficam sobrecarregados por toda energia que têm. Eventualmente, decorrente desse estado de sobrecarga, eles se fecham.

Perfeccionistas neuróticos consistentemente transformam potenciais aliados em adversários. Eles costumam afastar as pessoas que querem na própria vida por causa da insistência em serem certos. Gostam de discutir, gostam de estar certos. Muitas vezes, pessoas incríveis entram na vida deles, mas eles acabam brigando, porque gostam de entrar em conflito.

Essa era uma grande questão durante a minha luta. Eu era muito bom com vendas e fechamento e durante os primeiros muitos anos da minha carreira profissional, olhava para a minha organização de vendas e via que ninguém estava produzindo. Percebi que atraí os tipos de indivíduos os quais poderia resgatar, ajudar, fazer de tudo por eles. Infelizmente, afastei o tipo de pessoa de que realmente precisava na minha vida; eu sempre entrava em conflito e no final eu guardava ressentimento por eles não fazerem as coisas do jeito que eu queria.

Buscam antes a perfeição que a excelência. Perfeccionistas neuróticos são antes produtos humanos do que seres humanos – eles definem a si mesmo antes pelas coisas compulsivas que fazem do que pelo que realmente são. Além disso, são máquinas, mecânicos, não são emotivos, no geral porque eles tentaram viver de acordo com as expectativas de alguém no seu círculo de influência. Nem sempre são os pais, pode ser um padre, um treinador, um irmão mais velho, ou um professor. Talvez eles tenham tirado uma nota excelente, mas não foi dez. Talvez eles tenham marcado 20 pontos no jogo de basquete, mas não foi 30. Se algo não saiu perfeitamente, não foi o bastante. Conforme esse padrão se desenvolve, eles começam a acreditar que não são suficientes. Se isso o impacta negativamente, comece a afirmar: "Eu sou suficiente".

Perfeccionistas neuróticos temem o fracasso e esse medo se torna o motivo de adiar o começo de qualquer coisa. Eles raramente estão satisfeitos. Novamente, buscam antes a perfeição que a excelência. A perfeição é a decepção antes mesmo de começar, pois não há perfeição a não ser que a sua seja uma perfeição descontraída. Lembre-se: 100% de perfeição é impossível.

Eles adiam talvez porque simplesmente não consigam viver de acordo com as próprias expectativas. Perfeccionistas neuróticos se atraem pelo próprio talento, pela própria inteligência, esperteza, beleza... e realmente são bem apresentáveis. Eles costumam ser postos à frente de uma situação por causa da sua inteligência, habilidades e talento. Você já tirou notas tão boas em uma aula, que ficou conhecido? Você se saiu tão bem, que foi ovacionado? Era melhor que as outras pessoas na sua sala? Se precipitou e a pressão ficou tão grande que entrou em colapso?

Uma vez orientei uma cliente cujo filho apareceu no David Letterman aos 9 anos como saxofonista. Depois de muitos anos eu a vi e perguntei como estava o filho dela. Ela disse que o garoto havia entrado para a engenharia de software. Ele tocava saxofone, mas aos 18 anos estava tão esgotado pela música que queria simplesmente entrar na faculdade e se encaixar.

Mesmo que os perfeccionistas neuróticos passem uma boa imagem, eles se sentem mal e escondem isso com o ego. Ter um ego não implica necessariamente ser arrogante, grosseiro ou rígido; mas é uma máscara que mantém as pessoas a certa distância. Um ego é uma maneira de se esconder atrás do seu falso eu e não deixar as pessoas o sentirem, o perceberem, ou fazerem parte de você. Um ego é como você convive com a sua dor. Um ego é como você vive no seu passado. É incrivelmente libertador quando se abandona o seu ego.

A palavra *ego* não significa o que você costuma achar que significa. Eckhart Tolle explicou isso muito bem no seu livro, *O poder do agora*. Ele chama o ego de "corpo de dor". O ego é realmente o inconsciente, é onde você sente dor. Você não se sente confortável arriscando o prazer, então adia; acaba decepcionado, ainda que nunca fracasse.

Perfeccionistas neuróticos têm problemas com prazos. Eles complicam demais as situações. Ficam para trás, então precisam correr para se salvar. Uma de suas principais desculpas é a de que eles não dispõem de tempo suficiente. Porém, acabam matando o tempo por conta da procrastinação.

Uma vez ajudei um cliente a escrever um texto para um prêmio que ia receber. Eu lhe dei o esboço do texto e ele escrevia, escrevia e escrevia. E me ligava – ao ponto de ficar cansativo. Perguntava a mesma coisa repetidamente e eu respondia: "Eu já fiz isso pra você. Fiz semana passada/há duas semanas/há três semanas/há um mês/há dois meses".

E, então, ele ficou um tempo sem dar notícia e quando falei com ele, perguntei como havia se saído no discurso. Ele disse: "Ah, estraguei tudo – não tive tempo pra terminar". Só balancei a cabeça. Ele teve dois meses para escrever, mas esperou até o último minuto. Ficava reescrevendo, começando de novo, por fim, no último momento, ele escreveu qualquer coisa.

Chaves para libertar o perfeccionista neurótico

Agora vamos ver como se libertar e abandonar todos esses comportamentos. Em primeiro lugar, vá ao espelho e pergunte-se: "Se sou um perfeccionista neurótico, esse é o efeito. Qual é a causa? Quando isso passou a ser minha identidade? Como fiquei preso a essa situação? O que estou disposto a fazer para abandonar isso?".

Você pode não ter as respostas agora, mas, à medida que entender a razão que o leva a agir dessa forma, desenvolverá um nível totalmente novo de percepção. A transformação é o verdadeiro poder que o permite seguir adiante. Isso exige uma mudança em relação a como você vem se sentindo e a como vem mudando.

Se continuar agindo assim, continuará a operar dentro dos limites do familiar. Abandonar isso exige inspiração. Você também deve se manter sério quanto a seguir adiante; deve ter motivos para mudar, que sejam maiores que os seus problemas. Se os seus problemas são maiores que os seus motivos, há uma grande chance de continuar vivendo sua vida na ponta dos pés, chegando em segurança ao seu túmulo. Você viverá a pior dor que se pode sentir: a dor do arrependimento.

Você tem potencial, está no lugar certo e na hora certa, mas deve reconhecer isso. Isso exige energia e sinergia, sentimentos e emoções. Você deve estar disposto a trocar o risco pela recompensa. Deve entrar para as grandes ligas. Tem de passar a bola, entrar para a corrida, arriscar não ser perfeito. As pessoas não se importam se você é perfeito, elas se importam se você tem os resultados, se você se importar também, se você é humano. Ninguém está procurando robôs ou máquinas, estão procurando seres emotivos. Elas querem ver o seu estado cru, não o seu estado perfeito. Elas querem ver o seu cabelo desarrumado, a sua maquiagem borrada. Acredite ou não, as pessoas adoram vê-lo chorar. Não o choro do arrependimento, ou de vitimização, mas as lágrimas verdadeiras que escorrem pelo rosto quando você abre um caminho – lágrimas de alegria, de compaixão. Esse tipo de transparência inspira as pessoas.

A supervalorização de ser o melhor

Aprendi que bom é o bastante. Ser o melhor é algo superestimado. É um estado que nunca se consegue alcançar porque sempre tem alguém melhor, mais bonito, mais talentoso, ou mais inteligente.

Você não tem de ser o melhor. Que tal fazer o seu melhor? E o seu melhor não tem de ser 100%. Em vez de ser um perfeccionista neurótico, você pode ser um perfeccionista prático. Seja um *perfeccionista produtivo.*

Mude a sua filosofia para alcançar resultados práticos

Se você é um perfeccionista neurótico, deve agora mesmo começar a afirmar que é um "perfeccionista prático". Quando eu tinha 10 anos, ouvi o termo *intensidade descontraída*, em oposição à *intensidade*. Essas duas palavras mudaram a minha vida. Pela primeira vez percebi que não precisava restaurar o esmalte da parte inferior esquerda do meu dente. Palavras como *paz* eram desconhecidas para mim – a única paz que constava do meu vocabulário era de tratado de paz. Eu achava que entregar-se era um sinal de fraqueza.

Quando ouvi pela primeira vez a palavra *entregar-se* em círculos de desenvolvimento pessoal, pensei que os únicos que se entregavam eram pessoas fracas ou países que fracassavam em batalhas. Quando eu aprendi que se entregar significa na verdade entregar a minha vontade, entregar o meu ego, entregar o meu desejo de ser certo e de querer ser perfeito a ponto de ninguém se conectar comigo, comecei a olhar de outro jeito para as situações. E você pode fazer o mesmo!

Se você é tão perfeito que não tem ninguém na vida, então, tenho uma novidade: talvez o que você faz não esteja lhe trazendo recompensas. Se tem "centavos no bolso, nada na conta, e os credores estão lhe ligando", como dizia o grande Jim Rohn, mestre da indústria do marketing de rede, então, pode ser que seja a hora de mudar a sua filosofia.

Siga adiante metodicamente

Se você está se encontrando nestas páginas, qual é o próximo passo? Primeiro, reconhecer que não se transformou da noite para o dia. Se você tem muitos obstáculos, muita bagunça, muito drama e, o mais importante, muitas coisas, tudo isso não vai embora da noite para o dia.

Crie uma abordagem sistemática, detalhada, metódica, para se libertar dessa situação. Por exemplo, caso tenha muitas coisas, comece com um canto. Pegue sacolas bem grandes e jogue fora tudo o que quiser no período de 15 minutos. É muito libertador, acredite. Tenho assistido a muitos, muitos clientes fazendo isso. Continue por um período de tempo mais prolongado.

É parecido com o processo de escrever um livro. Quando escrevi um dos meus livros anteriores, comecei com duas páginas por noite, por 20 noites seguidas, e *voilà!*, após 20 noites eu tinha 40 páginas! Após cem noites seguidas, eu tinha um livro de 200 páginas. O sucesso é alcançado ao longo de um período de tempo. O importante é o que se faz diariamente.

O objetivo é a objetividade

Este capítulo é bem vasto, já que os perfeccionistas neuróticos têm energia de sobra. Eles têm muito entusiasmo, adrenalina, muito sumo, mas devem aprender como conter isso. O objetivo é ter baixos altos e altos baixos, não superaltos ou superbaixos.

Para o perfeccionista neurótico, começar é a chave. Se esta é a sua personalidade, pergunte-se: "O que realizei hoje?". Escreva algumas tarefas simples que você deseja cumprir amanhã. Não queira cumprir 25 tarefas em um dia. Essa quantidade assombrosa vai se tornar a desculpa perfeita para não começar.

Pode ser também que esteja fazendo muito pelos outros, o que abre caminho para que esses indivíduos o decepcionem, para então você ficar ressentido. Pouquíssimas pessoas chegam aos padrões e capacidades de um perfeccionista neurótico. Você deixará de colocar tanta pressão nos outros e em si mesmo à medida que entender isso. Ser um perfeccionista neurótico significa viver cheio de culpa e vergonha, pois esse tipo de procrastinador nunca consegue ser tão perfeito como planeja, e não aceita cometer erros. Há geralmente problemas por trás de eventos passados que originam esse comportamento, porém quando você aprende a deixar o seu passado para trás, não mais ficará preso a ele e poderá viver plenamente o presente. Quanto mais vive no presente, mais experimentará o tipo descontraído da perfeição.

Torne-se excelente na prática

É hora de sermos realistas. Abandone o posto à frente das situações – ser bem-sucedido em uma área não o obriga ser bem-sucedido em outra vocação, modalidade, modo de vida, ou outra forma de cura. O sucesso exige praticidade, objetividade e, acima de tudo, coragem de ser você mesmo.

Você não será uma celebridade da noite para o dia – isso requer paciência. O progresso é o resultado do que se faz diariamente. Uma coisa é certa – adiar não o levará até lá. Você chegará lá se produzir. Em vez de ser um perfeccionista neurótico que não realiza nada, seu objetivo é se tornar um perfeccionista prático que consegue resultados.

Então, abandone a palavra *perfeição* e a substitua por *excelência*. Você também pode tentar com as palavras *bom*, *ótimo*, *realista*, ou *objetivo*. Essas palavras o libertam da pressão que colocou sobre si mesmo a partir da sua mente lógica, prática e egoísta. O sucesso tem a ver com ser realista, é metódico. O sucesso é um sistema, uma ciência.

Pegue o que você aprendeu neste capítulo e encontre uma maneira de aplicar na prática. O perfeccionista neurótico tem uma tendência a ler os materiais diversas vezes, tomar notas, escrever tudo – anotações são superestimadas, aplicar o conhecimento prático é subestimado. Essa compreensão permitirá que você transforme a maneira como se sente em relação a si, para que consiga se tornar um perfeccionista muito mais prático.

Capítulo 3
O CAÇADOR DE GRANDES CHANCES

O segundo tipo de procrastinador é o caçador de grandes chances – as pessoas com a síndrome "big hat/no cattle" (no Texas, esse é o tipo de pessoa que fala muito e pouco faz). Essa é uma das identidades mais interessantes de todos os seis tipos de procrastinadores e uma das mais sedutoras. Caçadores de grandes chances têm muita energia. Eles são muito espirituosos, inteligentes, são suaves e têm boa aparência, mas, por baixo dela, se sentem mal. São os maiores sonhadores dos seis tipos de procrastinadores.

Características do caçador de grandes chances

Caçadores de grandes chances têm muita energia e boas habilidades com as pessoas, mas aplicam essas qualidades positivas apenas ao tipo de negócio que lhes é recompensador. Procrastinadores do tipo "muito fala e pouco faz" geralmente são bem-intencionados, têm habilidade acima da média, e maus hábitos. Eles têm baixa autoestima, mascarada pela alta confiança. Promotores bem articulados, eles geralmente conseguem persuadir os outros a apostarem em seus sonhos idealistas. Porém, os seus sonhos são tão grandes que a ideia de realizá-los cria paralisia e adiamento. Sua capacidade de sonhar acaba sendo, antes, uma desvantagem do que uma qualidade preciosa.

Eles vivem dentro das próprias visões e sonhos, mas têm dificuldades em desenvolver os hábitos e as habilidades necessários para realizar qualquer um deles. Em outras palavras, têm problemas para delegar responsabilidade. Abraçam grandes causas. Têm projetos imobiliários enormes. Eles vão mudar o mundo. Em relação ao estilo emocional, costumam ser vagos. Eles têm grandes sonhos, mas geralmente não têm um plano ou um esquema para realizá-los. *Caçadores de grandes chances* pensam que o destino vai intervir e eliminar o esforço necessário para que sejam bem-sucedidos. Eles se sentem abençoados, especiais, únicos, escolhidos e angelicais. São inebriados pela própria grandeza, e vivem em desilusão e negação. Eles vivem de desejos. Costumam falar por aí: "Se eu tivesse três desejos, um deles seria mil desejos, assim eles nunca acabariam".

Apesar de idealistas, costumam ser passivos em relação aos próprios sonhos. Ele parecem cheios de paixões, mas por baixo de todos esses anseios fica uma baixa autoestima – eles não acreditam de verdade que merecem o sucesso. Porém sonhar é inebriante, então eles passam de projeto em projeto. Falam demais, mas os resultados são poucos, e aqueles que os conhecem já testemunharam um padrão de projetos iniciados e abandonados antes do fim. *Caçadores de grandes chances* costumam ser muito carismáticos e têm um time de seguidores fiéis que juntam os caquinhos e neutralizam os prejuízos após eles seguirem para a próxima "grande ideia".

Esse tipo de procrastinador não se prende aos detalhes. Eles são bem pouco realistas em relação ao que é preciso para desenvolver hábitos diários, ou desempenhar disciplinas diárias. Na cabeça deles, não é preciso dominar as habilidades que pessoas de sucesso – empreendedores e empresários normais – dominam. Evitam problemas, dificuldades e responsabilidades necessárias para ser bem-sucedido, próspero e realizado.

Caçadores de grandes chances são colocados à frente de situações. Para eles, é típico pensarem que são melhores que o resto da sociedade – não melhores seres humanos, mas julgam ter as melhores ideias. Eles acham que não precisam fazer o que os outros fazem. Pulam de carreira em carreira esperando por aquele momento místico quando alguém reconhecerá seu talento, quando os olheiros de talentos do mundo irão detectar o potencial deles. Sonham em ser grandes como oradores ou escritores. Eles vão escrever uma música de sucesso. Serão descobertos.

Eles assumem grandes projetos e grandes causas. Eles querem ser um daqueles que chegarão à cidade e salvarão a todos, inclusive eles mesmos. Quando chegam ao fundo do poço, geralmente é com tudo. Eles experimentam grande frustração e insegurança por conta do espaço entre seus sonhos grandiosos e o que é preciso para realizá-los. Querem os seus sonhos sem fazer esforços e desistem rápido quando as dificuldades, os desafios e as adversidades aparecem.

Isso é familiar para você? Ou talvez você tenha algum parente que é um *caçador de grandes chances*: alguém que sempre tem um esquema grandioso no qual vai salvar a família inteira. Isso aconteceu comigo em meados da década de 1990 – fui tentado por uma situação de investimento que, para mim, me livraria da dívida do cartão de crédito que havia contraído por conta de um negócio fracassado. Em vez de me socorrer, me fez acabar endividado em mais de cem mil dólares. Fui de um negócio arriscado e fracassado para outro, procurando ser salvo no lugar de fazer metodicamente, por um período de tempo, o bom e velho esforço necessário. Passei um ano inteiro procurando essa grande jogada, mas o buraco era cada vez maior.

Caçadores de grandes chances são propensos ao vício. Esse tipo de personalidade é muito viciante. É por isso que as pessoas ficam obcecadas por loteria, sonhando acordadas sobre o que farão quando tirarem a sorte grande. É claro que sempre tem alguém que ganha, não estou falando que você não deveria jogar. No entanto, você não pode basear sua atitude na ideia de que será aquele entre um trilhão que ganhará a grande bolada.

Eles costumam ser muito falantes. Palavras como *moderno*, *esperto* e *bacana* se aplicam a esse tipo de personalidade. Uma das pessoas mais interessantes que já conheci foi alguém que enganou até a mim. Ele era um senhor muito bonito. Era um militar profissional formado em uma academia renomada. E, então, foi para o exterior para seguir uma carreira muito distinta, segundo me disse. Tinha uma forte presença como empresário, era um verdadeiro *showman*. Conseguia motivar uma audiência, mantinha todos sentados na pontinha da cadeira, porém, cerca de um ano depois, comecei a notar uma rachadura nessa aparência impecável – percebi que ele enfrentava diversos desafios financeiros. Mais tarde descobri que ele havia feito um empréstimo enorme. Você acertou – ele era um *caçador de grandes chances.* Esse tipo acaba deixando muitas pessoas na mão. Eles não têm intenção de magoá-las nem de sabotá-las. Se pegam uma quantia emprestada, eles definitivamente têm a intenção de devolver. Esse tipo carrega muitas dívidas e geralmente contrai dívidas por seus amigos e familiares.

Se você faz, pode desfazer!

Talvez você se encontre nestas descrições do sr. e sra. Grande Chance. Talvez esteja em processo de recuperação de uma grande oportunidade e tenha muitas dívidas deixadas por essa situação. De qualquer modo, respire fundo antes de continuar lendo este livro. Não importa o que você criou, isso pode ser desfeito.

Não estou falando de ir pelo caminho mais fácil. O caminho mais fácil seria deixar seus problemas para trás e pedir falência, ou sair de casa mediante a execução hipotecária. Falo de desenvolver o caráter e a coragem para se comprometer com um processo de reabilitação.

E se você for casado com um *caçador de grandes chances*? Não entre em desespero, geralmente essas pessoas conseguem se transformar no ser mais producente do mundo. Cada um de nós pode mudar.

Já não é hora de seguir adiante? De mudar? Você não pode adiar para sempre. Não pode se preparar para estar preparado para sempre. Não é uma questão de perfeição. Não é uma questão de saber de todos os detalhes. É uma questão de praticar a arte da simples disciplina. Você não cria hábitos saudáveis perseguindo grandes chances; cria hábitos saudáveis ganhando dinheiro da forma certa. A fama é superestimada. O sucesso é como você se sente em relação a si.

Não crie metas – alcance metas

Claro que é importante sonhar alto e ter objetivos, mas se você estabelece um objetivo, é igualmente importante realizá-lo. Não há ninguém lendo este livro que não possa escalar o Monte Everest ou escrever uma música de sucesso. Você poderia escrever um *best-seller*. No entanto, nunca conseguirá escrever um *best-seller* enquanto não começar aquelas duas primeiras páginas. Você compreende que hábitos disciplinares, metódicos e simples, durante um longo período de tempo, o permitiriam escrever seu primeiro livro? Escrevendo duas páginas por dia, durante cem dias, teria seu primeiro livro. Porém, se leu isso e pensou automaticamente: "Assim parece fácil, mas não gosto de escrever", eu consigo entender. Disse isso por anos e então percebi que para terminar um livro deveria praticar um tipo diferente de disciplina.

Todos nós adiamos em áreas isoladas nas quais sentimos ansiedade. Você está pronto para abordar seus problemas de procrastinação? Está de verdade pronto para abandonar os sentimentos que criaram essa identidade para você? Está disposto para ver a causa que cria o efeito? Se sim, esta é uma vitória. Por exemplo, se está sobrecarregado, não será apenas uma dieta especial ou exercícios que o farão viver no estado mental que merece. E sim quando for capaz de abandonar o sentimento de fazer a mesma coisa sempre, e ainda esperando resultados diferentes.

Reconstrua suas pontes

No programa tradicional de 12 etapas, uma etapa é fazer, sem medo, um inventário moral de si mesmo e de como você age com os outros e, então, pedir perdão. Digo nas minhas palavras, mas a essência é essa. Se você é um *caçador de grandes chances*, faça um inventário moral de si. Pergunte-se se há pessoas que tenha magoado, ou portas que tenha fechado. Se possível, procure essas pessoas e se desculpe e, se criou situações desfavoráveis, em algum momento oportuno vai querer corrigir tudo o que puder.

Eu fui um *caçador de grandes chances* por cerca de 15 meses da minha vida. Como já mencionei, fiquei alucinado por uma grande oportunidade. Quando cheguei ao fundo do poço financeiramente, percebi que a única maneira de sair dessa situação era me colocar fora dela. Eu tive de praticar disciplinas simples ao longo de um extenso período de tempo.

Olhando para a minha dívida, eu via três opções. A primeira opção era a falência. Como um alcoólatra reabilitado, percebi que havia reinventado o meu vício; eu me tornara dependente de dinheiro. Para corrigir essa situação, a falência seria apenas outra forma de negação. Então, fui pelo velho caminho norte-americano – criei a minha própria saída. Apertei o cinto de segurança e sentei em uma cadeira por 12 meses, dedicando de 14 a 16 horas do meu dia fazendo o que era necessário para vencer aquela situação.

Se você é um *caçador de grandes chances* reabilitado, essa é a lição que deve aprender. Você não quer apenas se livrar das dívidas; não quer apenas sair do buraco, mas internalizar essa lição para não continuar a reinventar a situação repetidamente.

O fator de ruptura

Quantos de vocês dizem no primeiro dia do ano: "Este é o ano. Este é o meu ano de virada. Este é o ano em que eu vou acontecer"? Essas afirmações podem ser verdadeiras, mas, se por volta de julho você ainda está protelando, então tudo o que está fazendo é perseguir grandes chances. Você está apenas dizendo a mesma coisa que disse no ano anterior, fazendo a mesma coisa repetidamente.

Então, qual é o fator de ruptura quando você é um *caçador de grandes chances*? Como você rompe com a sua postergação? Primeiro tem de reconhecer que tem esse tipo de problema – e que deve levar isso a sério. Você deve ser objetivo, deve perceber a dor que está experimentando, porque no meio dessa dor encontrará sua paixão, seu prazer, sua alegria. Você deve olhar para o âmago da escuridão em algum momento e perceber que uma série de eventos criou essa identidade que assumiu. Não importa em que ponto esteja da sua jornada, ou em qual cidade você mora, se você vive em negação, é hora de mudar. É hora de começar a se desapegar. É pelo desapego que encontrará a luz no âmago da escuridão. Há um fim em todos os túneis – o segredo é encontrar a luz, concentrar-se nela e criar um plano prático para ir em sua direção, um passo de cada vez, um dia de cada vez.

O jogo de longo prazo

Talvez você sonhe em ser milionário, ter uma renda de seis dígitos, ser um empresário de sucesso, ou um filantropo – você quer ser uma pessoa que transmita influência e riqueza. Mas seja realista. Desista de ser positivo e seja objetivo.

Vejo muitas pessoas tentarem assumir três ou quatro projetos ou negócios de uma vez. Essa é apenas outra forma de perseguir grandes chances. Recentemente uma das minhas clientes disse: "Falei com Fulano e Sicrano, e eles disseram que eu faria alguns milhares de dólares trabalhando quatro horas por semana nesse negócio".

Eu respondi: "Isso não vai acontecer".

Ela ficou surpresa e perguntou: "Por que não?".

Eu disse: "Bom, vamos ver a sua situação. Primeiro, você é casada e tem filhos e tem uma carreira profissional puxada. Você tem de fazer um trajeto diário de ida e volta do trabalho e já tem um negócio que está começando a dominar. Por que pensaria em assumir outro negócio no momento em que está começando a fazer progressos no negócio que já tem?".

Essa é uma situação típica para muitas pessoas sinceras. Felizmente, essa jovem e talentosa mulher respirou fundo e disse: "Você tem razão". Como muitos de nós, ela ficou alucinada pela grande oportunidade: "Uau, 2 mil dólares por mês por apenas quatro horas de esforço?".

Não estou sugerindo que é impossível que em algum momento da vida você faça alguns milhares de dólares por mês com quatro horas de dedicação. Mas isso não vai acontecer enquanto não dominar as emoções, as disciplinas e os hábitos de uma vocação em especial que possa duplicar.

Porém, não há chance de vencer o jogo perseguindo grandes chances. Você não pode sentar em casa, apenas desejando, esperando e tentando. Tem de ser comprometido, decidido, e tem de decidir todos os dias. O sucesso não se baseia tanto no que você faz, mas no que faz diariamente. É uma disciplina diária.

Quantos de vocês têm uma rotina de exercícios? Você já praticou hoje aquela disciplina simples? Pratica exercícios três ou quatro vezes na semana, faça chuva ou faça sol? O exercício faz parte do seu hábito diário? Quantos de vocês têm alguma disciplina alimentar? Você tenta comer mais alimentos crus? Alimentos orgânicos? Beber uma água mais pura? Você está se libertando do açúcar, das gorduras trans e outros alimentos que não são bons?

Quando se trata de sucesso, o segredo é a moderação, assim como ter um método. Por quê? Se você não tem um método, então tem um método de fracasso. É vital que empregue uma abordagem sistemática ao processo de alcançar o sucesso e isso não vai acontecer da noite para o dia.

Crie estabilidade emocional

Se você se identifica com o perfil do caçador de grandes chances, em vez de sempre perseguir as grandes oportunidades, vá atrás das menores primeiro. Reúna algumas pequenas e harmoniosas vitórias das quais você se orgulhe. No lugar de tentar vencer o campeonato, procure primeiro vencer cada partida. E então começará a ver o progresso. De vez em quando, olhe por cima do ombro para ver a distância que já percorreu. Você conhece o velho ditado: "De grão em grão a galinha enche o papo".

Usando a analogia da tartaruga e da lebre, eu costumava ser a lebre. Mal podia esperar para chegar à linha de chegada e então chegar à próxima linha de chegada. Eu acreditava que era saudável ser levado pelas metas. No entanto, descobri que, não importa qual meta eu atingisse, ela não era suficiente, porque eu não era suficiente. Isso é muito comum para os caçadores de grandes chances – eles buscam o sucesso para provar a todos que eles são suficientes. Se você elogiar um caçador de grandes chances, ele mal vai escutar, pois estará se preparando para a próxima grande chance.

Emocionalmente, se você tem altos bem altos e baixos muito baixos, chega ao limite e entra em colapso repetidamente. O segredo para o sucesso é a estabilidade emocional. Se você teve um dia pouco favorável, não deixe que isso atrapalhe uma boa noite de sono. Se deixar isso afetar seu sono, acordará com dor de cabeça por ficar rangendo os dentes durante a noite. Acordará com a constante pressão de ter de provar ao mundo que é suficiente; terá de sair e conquistar o mundo e ser uma grande aposta. Sei muito sobre isso – eu vivi isso.

Nunca vou me esquecer da primeira Mercedes Benz que comprei em 1984. Comprei de um velho amigo meu e o motivo (que eu sei agora) foi que eu poderia, então, dirigir na frente de restaurantes de quatro e cinco estrelas e boates, e deixar com o manobrista.

Sempre fui bom para atrair dinheiro, mas, como um caçador de grandes chances, aos 20 e poucos anos, eu tentava comprar amigos e amor com dinheiro, porque sentia que não era o bastante. Toda vez que ficava sem dinheiro, eu parecia ficar sem amigos e, por isso, teria de recomeçar tudo mais uma vez, em outra cidade ou outro negócio porque sempre deixava as portas fechadas. Minha válvula de escape para toda essa angústia eram as drogas e o álcool. Tinha grandes sucessos e colapsos. Os sucessos eram tão grandes que eu não conseguia lidar com eles por ser autodestrutivo. Finalmente, aprendi a me desapegar. Percebi que o sucesso não tinha a ver com o que eu fazia – era o que estava me tornando, era o que eu estava sentindo.

Você percebe que não precisa de dinheiro ou sucesso para se sentir bem consigo? Você pode se sentir bem tanto morando em uma casa pequena quanto em uma mansão. Muitas vezes, essas mansões acabam sendo impessoais e frias – elas não transmitem a mesma sensação que uma casinha excêntrica cheia de calor humano. E de que servirá um castelo se você não tiver ninguém com quem dividi-lo? De que servirá o sucesso se não tiver amor na vida?

Entretanto, eu também aprendi que, mesmo sendo o amor que faz o mundo girar, o dinheiro é que paga a viagem. Apenas tenha certeza de que não está fazendo nada meramente por amor ao dinheiro. Tenha certeza de que o está fazendo por amor a si mesmo, de que a questão é expressar sua criatividade. Tenha certeza de que é uma questão de quem você é e o que você está se tornando, pois, quando você atingir o sucesso dessa perspectiva, não precisará ser um caçador de grandes chances.

Você ainda pode ser producente, mas tenha certeza de que não está produzindo para chegar a determinado nível ou receber algum tipo de distintivo de mérito. Mesmo que não seja o melhor, você pode fazer o seu melhor. Ser o melhor é algo superestimado; sempre haverá alguém mais esperto, mais brilhante, mais bonito, mais talentoso, ou mais inteligente na próxima esquina.

Mesmo que você não tenha de chegar ao fundo do poço para dar a volta por cima e ser alguém de sucesso, nós adoramos histórias de pessoas que moravam no próprio carro, procuravam centavos embaixo das almofadas do sofá, se alimentaram de macarrão instantâneo durante um ano, ou viveram à base de sanduíches de ovo frito.

Recentemente orientei uma cliente que entrou para o concurso Miss Teen America. Ela não conhecia ninguém que havia chegado assim tão longe, pois morava em um carro atrás de um estabelecimento da Pizza Hut. Esse é o tipo de disciplina que gera caráter. Passar por situações que edificam o seu caráter, e vencer os desafios que surgem trazem um grande senso de orgulho – assim como um grande senso de humildade.

Quando você vence uma situação esmagadora que trouxe dificuldades e o segurou, quando tem coragem de olhar para o âmago da escuridão e vencer um vício, quando se recupera de uma situação de pobreza ou ruína financeira, essas são umas das maiores recompensas que você pode receber, porque ninguém pode lhe pagar pelas sensações que uma realização traz – nem você pode comprá-las.

Uma realização é o que se faz por meio do seu esforço físico e emocional. A delegação é o que você acha que os outros devem a você. Você pode ser merecedor do sucesso, mas deve conquistá-lo. O sucesso é a disciplina aplicada por meio de um longo período de tempo a uma vocação com a qual se tem afinidade. Se você está em um negócio apenas pelo dinheiro e evita as ações que resultarão no que busca, talvez seja melhor reavaliar essa vocação.

Tenha grandes metas, mas hábitos maiores

Pelo menos 90% das pessoas que orientei tinham metas maiores que os seus hábitos. Elas têm expectativas que excedem suas habilidades. Começam um negócio esperando fazer 10 mil ou 20 mil dólares por mês no primeiro ano. Isso acontece ocasionalmente, mas é frequente que as pessoas que realizam esse tipo de sucesso já tenham pagado o preço em outro lugar. Sucesso da noite para o dia é raro, senão impossível.

Há pouco tempo uma cliente me contou sobre a conselheira dela, que está chegando a uma renda de seis dígitos. Essa conselheira estava com quase 30 anos e é fácil pensar: "Ela mal saiu das fraldas e já é bem-sucedida". Porém, ela começou a carreira empresarial no começo dos 20 anos, já tinha oito anos de experiência – isso se parece com a minha história.

Eu fiquei limpo e sóbrio aos 32 anos, comecei minha carreira empresarial e passei por muitos altos e baixos no início. Levei oito anos para chegar aos seis dígitos em uma empresa de marketing de rede de vendas diretas. Não estaria onde estou hoje se não tivesse passado por aqueles oito anos. Durante aquele período, também passei dois anos perseguindo grandes chances, terminando com uma dívida de 100 mil dólares, completamente no fundo do poço financeiro.

Mais paixão do que talento

Chegar ao fundo do poço é algo superestimado – posso falar por experiência. Se você está nessa situação agora, não entre em desespero, por que tem a habilidade, tem o talento e, o mais importante, tem a capacidade de investigar essa região emocional chamada coração. Ter mais coração que talento, é isso que deve ser explorado. Se você não tem paixão, provavelmente está no lugar errado, na hora errada. No entanto, se tem paixão e sabe que está no lugar certo na hora certa, então é sua responsabilidade reconhecer onde está e tirar proveito disso.

A sorte é o encontro da oportunidade com o preparo. Sorte não leva ao sucesso. Conheci algumas pessoas que tiveram sorte e herdaram dinheiro da mesma forma como tiveram o azar de perder tudo. Encontrei pessoas que eram herdeiras de grandes fortunas e que, sentindo-se culpadas por não terem ganhado o dinheiro, acabaram perdendo tudo. É como muitas pessoas que ganham na loteria – elas acham que não são merecedoras e têm dificuldades de usar sua influência recém-descoberta para manifestar uma continuidade próspera.

Alucinado pela produção

Eis a solução se você é um caçador de grandes chances: em vez de ficar inebriado por todos os seus sonhos, fique pela produção. Isso lhe será útil. Mesmo que sua vida não esteja totalmente equilibrada, pelo menos isso o levará para frente.

Você pode pensar em como ficar mais equilibrado depois. Sua lei de alinhamento mudará se você se tornar produtivo.

Então, concentre-se em algo produtivo. Em algo pelo qual tenha afinidade ou aptidão, ou em uma recompensa que você acha que merece. Se começou um novo tipo de negócio, domine primeiro as habilidades básicas que acompanham sua nova vocação. Se quer ser um guitarrista, não se concentre em estar no palco. Isso pode ser um sonho, mas se concentre em aprender os acordes, em aprender as notas, dominar as cordas.

O sucesso é um processo. Se você não estiver disposto a dedicar meio período de duas a quatro horas por dia à sua futura liberdade, ou um período integral de seis a dez horas (ou mais), então provavelmente está iludido e acabará em negação. O preço do sucesso em si é um privilégio – e não tem preço quando se entende que é um privilégio.

Características positivas do caçador de grandes chances

Caçadores de grandes chances detêm certas qualidades que podem aplicar na prática para conseguir resultados. Se você tem na sua família ou na sua empresa um caçador de grandes chances, procure essas qualidades e afirme-as.

Primeiro, os caçadores de grandes chances têm uma energia natural, emocional e etérea e, quando essa energia é canalizada, conseguem atrair grandes pessoas e formar fortes relacionamentos. Motivados e carismáticos, geralmente são ótimos oradores, são bonitos, charmosos, espirituosos e talentosos. Quando direcionado da forma certa, um caçador de grandes chances pode se transformar em um grande ser producente.

Canalize sua energia

O filme *Wall Street – Poder e cobiça* é sobre perseguir grandes chances. O personagem de Buddy é um clássico caçador de grandes chances. O filme tem um ótimo final: Buddy caiu na real – ele seguiu adiante e deixou de ser um caçador de grandes chances.

Você passa muito tempo sonhando? Passa muito tempo fantasiando como vai ser o futuro? Há uma grande diferença entre visualização criativa e perseguir grandes chances, entre fantasiar idealisticamente e fantasiar realisticamente, entre sonhar acordado e a real visualização. E é esse tipo de separação a que deve se condicionar.

O caçador de grandes chances deve pôr os pés no chão e, quando ele o faz, sofre uma queda maior do que qualquer outro tipo de procrastinador. Se você se identifica como um caçador de grandes chances, a boa notícia é que pode mudar quando a dor é forte o bastante. Você pode fazer terapia, sessões de aconselhamento, ou um programa de 12 etapas. Talvez tenha de conseguir um emprego "de verdade", ou tenha de pagar suas dívidas, pagar os credores e os familiares, mas você pode se tornar realista, direto, verdadeiro e honesto. Ainda pode mudar a sua linguagem e as palavras que usa e aprender a produzir dentro dos prazos. E, o mais importante, se você é um caçador de grandes chances, pode aprender a amar a si mesmo.

Se você é um caçador de grandes chances, não se desespere, pois tem muito talento. Você tem muito carisma, muita energia. Mas é sua responsabilidade aprender como canalizar essa energia para a produção. Não é uma questão de se obrigar a isso, uma questão de se forçar a mudar; a mudança está ligada a ser realista, ser objetivo e perceber que qualquer coisa que valha a pena ser conquistada faz valer a pena o processo.

Capítulo 4
O APREENSIVO CRÔNICO

Conforme exploramos os diversos tipos de procrastinadores você provavelmente se reconhecerá em cada um deles, pois a maioria de nós carrega fragmentos de todos os tipos. Somos constituídos de muitos sentimentos e emoções diferentes. Por exemplo, todos nós nos preocupamos de vez em quando: nos preocupamos em não ofender ninguém. Em dizer a coisa certa, ou ficamos preocupados de não ter o que dizer. Além disso nos preocupamos quanto a fracassar no nosso negócio. Porém, alguns indivíduos se preocupam tanto, que isso se torna crônico, se torna uma identidade. Chamo esse tipo de procrastinador apreensivo crônico.

Apreensivos crônicos têm profundos desafios emocionais, mais do que qualquer outro tipo de procrastinador. Eles vivem se perguntando "e se...?". Apreensivos crônicos adoram o familiar.

Clamam pelo previsível. Eles se agarram aos limites do mediano. São muito inseguros quanto a novos desafios que poderiam tirá-los de sua zona de conforto.

Você foi criado por pais apreensivos? Se é um *baby boomer* que cresceu nos anos 1960, sua mãe ou sua avó estavam sempre preocupadas, esperando pelo pior? Se está na faixa dos 40 anos agora, há uma grande probabilidade de seus pais terem nascido logo após a virada do século. Eles viram a Grande Depressão. Podemos apenas imaginar como era viver durante aquele tempo.

A preocupação é transmitida de forma hereditária, de avós para pais e para filhos. Às vezes nos preocupamos tanto que não sabemos com o que estamos nos preocupando. Talvez tenham lhe falado para não sonhar tão alto porque isso só traria decepção. Quando crianças, muitos de nós ouvimos coisas que causavam preocupação. Preocupação causa pânico. Pânico causa ansiedade.

De todos os tipos de postergadores, o apreensivo crônico é geralmente o que tem mais problemas de ansiedade.

Características do apreensivo crônico

Apreensivos crônicos são facilmente identificáveis: são inquietos. A energia deles é um tanto frenética. Seus olhos passeiam e eles não o olham diretamente. Às vezes roem as unhas, ficam batendo a caneta, balançam os pés compulsivamente, veem as horas, ou escolhem qualquer infinidade de maneiras de expressar sua energia nervosa.

Esse tipo tem problemas para mudar, decidir e se comprometer. Quando você lhe faz uma pergunta, escuta muitos "humm", "bom", "ahh..." e "está bem". Esse tipo de vocabulário é uma constante para o apreensivo crônico, porque se preocupa demais em dizer o certo. Eles não querem errar, não querem magoar ninguém. Têm medo de sair da zona de conforto e costumam enfrentar desafios ao começar alguma coisa, especialmente com vendas e marketing.

São o tipo de pessoa que vive no próprio mundo. Ficam presos a uma identidade e sofrem com relacionamentos. É um desafio se conectar com os outros, costumam ter fobia de compromissos. Nos relacionamentos, ficam tão ansiosos quanto a escolher a pessoa errada que acabam não escolhendo ninguém.

Eles emergem da fração mais inteligente da sociedade. Apesar de serem muito inteligentes, muitas vezes a inteligência emocional é muito baixa, pois não têm autoestima. Entretanto, deixe-me dizer novamente, sem sombra de dúvida: todos nós podemos mudar. Não comece a se preocupar achando que não conseguirá vencer a preocupação!

Sua ansiedade pode levar a crises de pânico. São muito indecisos; morrem de medo de cometer um erro. Isso geralmente se origina de situações passadas em que sofreram muito julgamento. Sua indecisão é uma questão de controle. Não podem controlar as especulações da vida, mas podem controlar a decisão de permanecerem presos à preocupação, mesmo que isso leve à decepção. Eles são muito cautelosos e vivem pela segurança, não gostam do desconhecido nem da ideia de correr riscos por uma recompensa.

Podem facilmente ser pegos na "paralisia da análise". Eles tendem a ficar congelados onde estão, perdendo oportunidades e pessoas que os fariam seguir adiante. Apreensivos crônicos geralmente têm desafios com vendas – mais desafios que qualquer outro tipo de personalidade. Não conseguem apenas viver o momento; têm problemas com espontaneidade e intuitividade. Apreensivos crônicos têm de saber todas as respostas. São o tipo de pessoa que entra para uma organização, comparece a todos os eventos, faz anotações, mas não realiza nada. Por quê? Eles estão presos na paralisia da análise.

Eles podem parecer insensíveis. Têm uma forte inclinação a encobrir os próprios sentimentos. Eles tentam demonstrar que não estão seguindo um roteiro, mas na realidade são muito roteirizados. Apreensivos crônicos sempre parecem distantes; eles são propensos à solidão.

Apreensivos crônicos têm uma tendência à depressão, em geral, são erroneamente interpretados como negativos, porém são indecisos e deprimidos.

Eles tipicamente ficam sujeitos à maioria das doenças debilitantes. Apreensivos crônicos são uns dos maiores desperdiçadores de tempo e isso sempre leva à decepção. Além disso, apreensivos crônicos liberam ácido lático nos músculos, ou criam lesões que se acumulam no pescoço e nas costas. E isso é resultado da preocupação crônica circulando pelo corpo. Contudo, o corpo humano é uma das maiores máquinas já feitas e o que quer que tenha acontecido no passado tem a chance de ser curado.

Postergadores do tipo apreensivos crônicos buscam constantemente a aprovação, além de serem tipicamente dependentes dos outros em relação a discernimento, conselhos e certezas. Eles confiam em quem têm mais autoestima, autoconfiança e segurança. Procuram se orientar nas pessoas que são mais objetivas. Infelizmente, esse tipo de procrastinador tende a ser um vampiro emocional e espiritual. Se você reconhece esse padrão na sua vida, precisa aprender a abandonar a necessidade de ter os outros falando o que se deve fazer.

Apreensivos crônicos costumam ser os maiores colecionadores de bugigangas. Eles têm dificuldades em decidir o que fazer com todas as coisas que guardam e precisam decidir o que fazer com o que não serve mais. Se você entrar no escritório de alguém e vir montes de papéis, caixas e livros há uma grande chance de que se trate de um apreensivo crônico.

Por que nos preocupamos?

O que deixa o apreensivo crônico preocupado? O que causa essa situação? Nós não nascemos assim; nascemos como um livro em branco. Acontece que, no entanto, em algum ponto durante a infância, uma série de eventos começam a formar um estado de espírito que se torna um sentimento e esse sentimento eventualmente se torna uma identidade.

A preocupação crônica, como qualquer outro tipo de adiamento, é um efeito. Qual é a causa escondida? Para o apreensivo crônico, a causa é geralmente uma pessoa neurótica (talvez um pai ou uma mãe) em seu círculo de influência a quem não conseguiu agradar. Isso pode advir de ser o fruto de uma gravidez indesejada, ou ser o filho de pais bem-sucedidos que o pressionaram a duplicar o sucesso.

Um cliente médico estudou em uma das melhores faculdades de medicina do país. Embora ele não quisesse ser médico, cedeu aos desejos dos pais, se formou, arcou com as despesas da faculdade, que totalizaram mais de um quarto de um milhão de dólares – e seguiu a fracassar miseravelmente como médico, uma vocação pela qual ele não tinha afinidade ou aptidão. Ele fez tudo isso para agradar aos pais, mas, na realidade, acabou os decepcionando. Eventualmente, ficava tão preocupado em não cometer erros, que fez uma besteira colossal e foi processado – tudo porque estava em uma profissão na qual nunca quis estar. Mais tarde, quando o orientei na vida, depois da dívida de um quarto de um milhão de dólares e um processo judicial que não o ajudava em nada, ele confessou que tudo que queria era ser músico e que finalmente estava indo atrás disso.

Outro cliente, John, era um vendedor de seguros comum. Ele conseguiu chegar entre os 40 mil e 60 mil dólares. Quando o conheci, estava em mudança de vocação. Em cada uma das nossas sessões, John me falava tudo sobre o "me preparar para estar pronto", que ele estava praticando. Ele estava ouvindo CDs, havia participado de um seminário *on-line*, e ia regularmente aos eventos, seminários, reuniões e convenções. Ele havia se inserido em um círculo de influência formado por indivíduos excepcionais e brilhantes. Por meio desse círculo, atraiu alguns dos melhores treinadores do mundo. Infelizmente, estava fazendo tudo isso em cima de dívidas. Ele passou três anos se preparando para estar pronto, deixando tudo em ponto de partida. Passava horas escrevendo e reescrevendo roteiros. Nunca fez uma ligação de prospecção porque se tornou tão neuroticamente "perfeito" que não conseguia produzir.

Em uma de nossas sessões, finalmente descobrimos a causa que levou a esse efeito: ele era um filho indesejado. Foi o último de oito crianças – e além de ser a última criança havia sete anos de diferença entre ele e o segundo irmão mais novo. Sua mãe falava: "Quando descobri que estava grávida de você, chorei todas as noites durante seis meses". Seus pais quase não lhe davam atenção; John realmente ficou para trás naquela família. Quando tinha 35 anos, ele era um apreensivo crônico. No ano que passei orientando-o, tinha o grande privilégio de guiá-lo através da virada da própria vida.

Atualmente, John não é um milionário, mas ele não é mais um "rato" de seminários. Está em processo de ser producente. Ele percebeu que não precisa ser uma celebridade para ser bem-sucedido. E, o mais importante, ajudei John a perceber que é suficiente.

Pondere à exaustão

Se você se reconhece como um apreensivo crônico, não está na hora de seguir adiante? A preocupação crônica está mesmo relacionada ao controle. A preocupação crônica é uma experiência extracorpórea sobre as especulações do que pode acontecer. O lado esquerdo do cérebro começa a processar esse tipo de informação a ponto de não conseguir agir, porque o que você fará não será bom o bastante. Então você fica preso a trabalhos e negócios por causa da ansiedade de não conseguir lidar com a pressão do resultado. Começa a pensar racional e emocionalmente no que acontecerá de forma mágica no dia em que atingir o sucesso. Também começa a desistir do sucesso que ainda não tem porque tem medo de não saber lidar perfeitamente com ele. Você pode não conseguir lidar logicamente com ele, pode não conseguir lidar emocionalmente com ele. De repente, está tão esgotado que tem uma desculpa para se fechar e adiar.

Já faz dez anos que organizo *workshops* para 30 participantes chamados "Break throughs to Success" (Guinada para o Sucesso). Criei um ambiente tão seguro, que durante o curso do evento os apreensivos crônicos esquecem que não têm de ser perfeitos. Há tanto amor e acolhimento no recinto que alguns desses muros emocionais começam a vir abaixo, e alguns desses processamentos se dissipam.

"Processar" é quando você pensa e racionaliza ao invés de operar no seu lado direito do cérebro; você passa muito tempo operando no seu lado esquerdo e lógico do cérebro. Posterga em áreas que sente que deve controlar, áreas contra as quais se rebela. Se mudar de identidade, mudar de vocação, de cidade, de carreira, de amigos, mudar como você tem mudado traz muita ansiedade, talvez seja hora de mudar sua filosofia.

Um modo de mudar é decidir que você está cansado de estar cansado. Perguntaram a um dos meus atores favoritos, o grande Lee Marvin, no final da vida dele, por que ele estava parando de beber. Ele disse que era porque a dor era forte o bastante. Quando uma entrevistadora perguntou a Bonnie Raitt por que escolheu ficar sóbria, ela disse: "Porque a vida é preciosa quando se tem pouco a perder".

Se você passa muito tempo sendo perfeito e decepcionado, é definitivamente hora de mudar. Cada um de nós tem a capacidade de mudar o poder de uma decisão, o poder de um comprometimento. Todos temos a capacidade de passar pelas quatro fases da convicção: impossível, possível, provável e certo. A qualquer momento você pode transitar para a certeza do propósito. Você merece se libertar da energia esgotante que envolve a preocupação.

Preocupação como mecanismo de controle

Conheço bem como é se sentir decepcionado. Conheço bem como é se preocupar. Cresci com um pai que se preocupava constantemente em agradar os outros. Ele era um instrutor excepcional, mas infelizmente herdei um pouco da preocupação dele. Embora não quisesse ser assim, houve muitas vezes na minha vida em que fui alguém que sempre agradava.

Quando aos 32 anos cheguei ao fundo do poço, estava tão cronicamente preocupado que queria tirar minha própria vida. Uma das minhas maiores preocupações era que não conseguia dormir sem beber. Eu passava o dia todo domando minhas emoções, tentando me desvencilhar da bebida a cada hora. Isso era muito cansativo. Era tão cansativo que eventualmente desistia e tomava aquele primeiro drinque.

Levei seis anos para chegar àquele primeiro dia de sobriedade aos 32 anos. Meu primeiro dia de sobriedade foi tão libertador que as lágrimas me escorriam pelo rosto. No começo mal conseguia acreditar. Quando fui a minha primeira reunião do AA, foi extremamente libertador não estar assumindo aquele tipo de controle o dia todo.

Agora estou sóbrio há mais de 20 anos, mas estaria mentindo se dissesse que nunca me preocupei, ou que não tento controlar certas situações. Mas há uma afirmação que o ajudará bastante, como me ajudou: "Eu nunca tenho um dia ruim, apenas momentos desafiadores".

Sempre me perguntam: "Qual é esse momento significativo? Qual é o fator de ruptura?". Na minha vida, era a dor que era forte o bastante. Eu caí num buraco tão fundo que não tinha outra saída a não ser para cima.

Chaves para se libertar da preocupação crônica

Qualquer tipo de transformação requer consciência; se você não entende por que age da forma que age, há uma grande chance de que continue a fazê-lo. Veja aqui algumas modalidades de cura que podem ajudá-lo.

Relaxe seus músculos. Se você é um apreensivo crônico provavelmente range os dentes à noite, ou tem dor na lombar. Muitas vezes, a dor na lombar tem significados emocionais quanto a receber, pedir e merecer, mas também tem também ligação com suas finanças. Se isso o descreve, encontre alguma maneira de relaxar o corpo.

Você pode fazer isso por meio de ajustes físicos e não físicos. Explore diferentes tipos de massagens, ioga, tai chi chuan, ou qualquer tipo de arte marcial que dê oportunidades de praticar a disciplina emocional.

Comece a sair mais, mesmo que seja algo simples como sentar em um shopping meia hora por dia e olhar as pessoas. Faça uma caminhada. Se você é sozinho, adote um cachorro ou um gato – um animal de estimação com o qual possa dividir um espaço emocional. Entre para um grupo, um clube de leitura, ou uma aula de ginástica. Realmente não importa o que faça, mas encontre uma maneira de dividir algum tipo de atividade com outra pessoa!

Desenvolva novas percepções quanto a si mesmo e quanto à maneira como você vê o planeta e o mundo. Abandone suas perfeições neuróticas e siga rumo a uma aplicação prática com perfeição. Olhe seu histórico. Muito da sua preocupação crônica pode vir de eventos passados. Faça alguns exercícios de visualização. Monte um quadro com seus sonhos. Compre a revista de luxo *Robb Report*. Comece a sonhar de novo.

Deixe de racionalizar. Comece a viver mais de emoções, não de razão. Em vez de pensar demais em tudo, aprenda a viver o hoje plenamente. O amanhã ainda nem aconteceu. Muitos apreensivos crônicos são pegos em sua própria neurose do "e se?". "E se eu tiver sucesso? E se eu fracassar? E se esse relacionamento ficar sério? E se não ficar? Se eu fizer isso hoje... Se eu não fizer isso hoje..." Esse tipo de diálogo interno nunca para, até que chega o ponto em que é mais fácil não fazer nada do que fazer qualquer coisa e, ainda assim, esse tipo de procrastinador começará a se preocupar com não fazer nada, apenas para ter algo para processar! Abandone as tentativas de processar a vida e permita-se fazer o melhor que puder por hoje. Acredite, o amanhã vai chegar, não importa o que aconteça hoje, e o presenteará com novas experiências com as quais você pode aprender e crescer.

Pratique a vulnerabilidade. Repita para si mesmo: "Agora que cresci, dou a mim mesmo a permissão de ser mais vulnerável. Agora que cresci, minha vulnerabilidade é o meu melhor recurso, não minha maior fraqueza". Não digo para ser tão vulnerável o ponto de se machucar. Mas ser vulnerável o suficiente para as pessoas se conectarem com você. Isso significa correr os riscos ponderados de ser um ser emotivo e expressar seus sentimentos sobre as situações, não apenas seus pensamentos. Pode ser que nem todos concordem com você, mas acredito que ficará surpreso com a facilidade com que as pessoas se relacionarão com você e escolherão estar com você, uma vez que o seu "verdadeiro eu" for revelado.

Viva no presente. Já não é hora de entrar naquele espaço chamado presente? Viver no presente o permitirá abandonar a procrastinação e o permitirá abandonar a preocupação crônica. Tudo que qualquer um de nós pode fazer é o melhor que podemos em qualquer momento, usando as ferramentas de que dispomos. A perfeição é muito supervalorizada! Quando vivemos o momento, as barreiras podem se transformar em blocos de construção. Como podemos mudar se pararmos de crescer? Cada momento e cada situação é uma oportunidade de aprender algo novo, de expandir nossos horizontes e mudar só um pouco. O momento presente é quando podemos abandonar os julgamentos e nos libertarmos para viver a vida como uma criança selvagem que sempre quer mais.

Algumas perguntas e respostas

Apreensivos crônicos são cheios de questionamentos. O segredo é aprender a fazer perguntas proveitosas, não obsessivas, ou ansiosas. Eis aqui minhas respostas para esses tipos de perguntas.

P. Posso ter sucesso com o meu empreendimento?
R. Não tenho certeza, pois você ainda nem começou. Como pode ter sucesso se não começar? Deixe de perguntar se vai conseguir e coloque mais energia no que você faz hoje; o sucesso não é tanto baseado no que você faz, mas no que faz diariamente.

P. O que acontece se eu fracassar?
R. Mesmo que você passe por alguns desafios, são eles que proporcionarão suas lições de vida, que darão experiências para desenvolver seu caráter e o ajudarão a desenvolver uma nova personalidade.

P. E se ninguém comprar meu produto?
R. E se alguém comprar? Se alguém comprar, não é esse o equilíbrio que criou?

P. E se a minha família não me amar e não me apoiar?

R. Se você já se aventurou no empreendedorismo e eles têm um emprego, há uma grande chance de pensarem que você não tem nada na cabeça. Você não pode escolher a família que tem, mas pode escolher os amigos. Se a sua família não o aprova, se a sua família não o ama, se você não tem ligação com a sua família, sempre há um ótimo círculo de amizades esperando-o. Entre para negócios e grupos nos quais possa criar essa conexão sincera.

Receba as recompensas

Um senhor me fez um grande elogio recentemente após me ouvir falando. Ele disse: "Quando você entrou naquela sala, pude senti-lo!". Isso nem sempre foi algo positivo. Se você pudesse ter me "sentido" há 20 anos, sentiria a minha raiva. Se pudesse ter me sentido há dez anos, sentiria meu ressentimento.

Mesmo hoje, carrego um pouco daquele ressentimento por ter sido magoado, abandonado e negligenciado. Ainda sinto vergonha e culpa de algumas falhas, altos e baixos, e momentos constrangedores que criei com o meu vício. Deixei cair o passe da vitória em uma partida de futebol americano quando estava no segundo colegial. Fiz muitas coisas na minha vida pessoal e profissional das quais me arrependo. Afastei os outros e os magoei. No entanto, depois de tudo, aprendi a perdoar a mim mesmo. Esse é um exercício de permissão que todos nós merecemos experimentar.

Se você está em uma situação parecida, não há nada melhor que o presente para abandonar sua preocupação crônica. Há muitas desvantagens em ser um apreensivo crônico. Você realmente merece receber as recompensas que o seu brilho pode atrair. Não há dúvidas de que merece construir aquele modelo de negócios pelo qual esperou; você merece planejar a própria vida. Merece viver seus sonhos, e o único modo de fazer isso é seguir adiante e receber as recompensas.

Não importa o que tenha feito. Você merece mudar. Não importa o que fez, você pode desfazê-lo. Não importa o quão entulhada sua garagem esteja, você pode desocupá-la. Não importa o quão desafiadoras suas finanças estejam, você tem capacidade de vencer essa situação e criar prosperidade. Porém, se não mudar a forma como vem fazendo as coisas, continuará a receber o que recebe. E se o que recebe é decepção, não é hora de mudar de filosofia?

Se você está pronto para isso, parabéns e bem-vindo a bordo. Você entrou para uma nova liga chamada "a grande liga". Em vez de ser um apreensivo crônico, está no caminho para se tornar uma pessoa que transmitirá riqueza e influência. Você pode ser a pessoa que sempre quis ser.

Capítulo 5
O PROCRASTINADOR REBELDE

O próximo tipo de procrastinador, o rebelde, é muito familiar para mim. Os dois tipos com os quais mais me identifico são o caçador de grandes chances e o rebelde. As características desses dois tipos de personalidade contribuíram para a minha tendência a adiar em circunstâncias isoladas. O que aprendi com o meu próprio crescimento e desenvolvimento é que, quanto mais entendemos a razão de agirmos de certas formas, mais fácil é mudar. Independentemente de com quais tipos de proteladores você mais se identifica, está agora trilhando o caminho certo para se entender melhor e mudar o seu comportamento.

Características do procrastinador rebelde

Procrastinadores rebeldes demonstram um comportamento passivo-agressivo. Dizem o que as pessoas querem ouvir, mas fazem apenas aquilo que querem fazer. Eles podem concordar com alguma coisa, mas isso não significa que farão o que dizem. Chamam atenção criando conflito e se empenham mais para criar conflito do que para produzir.

Geralmente os procrastinadores rebeldes parecem modernos, espertos e bacanas. Eles podem parecer tranquilos e afáveis, pois é do tipo de personalidade que se relaciona facilmente. Podem também parecer muito generosos. (Esse tipo de personalidade aparece em outro tipo de postergador, o doador furioso. O doador furioso, o rebelde e o tipo "muito fala e pouco faz" têm semelhanças entre si, mas também diferenças distintas.) Procrastinadores rebeldes passam a impressão de realmente terem tudo organizado, e de início talvez você os inveje, mas, quanto mais os conhece, mais visível fica o caos emocional por baixo dessa aparência reluzente.

Tive uma funcionária que parecia muito atraente, muito expansiva e simpática, mas, à medida que a conhecia, menos agradável ela se tornava. O sorriso caloroso que eu vira pela primeira vez quando a contratei escondia que ela tinha uma mãe muito controladora. Nada do que ela fazia era o bastante para a mãe. Por causa da sua percepção subconsciente de não ser boa o suficiente, ela sempre criava situações de conflito e controle para preencher a identidade sob a qual vivia.

Conflito e provocação são uma grande parte da identidade do procrastinador rebelde. Isso os mantém ocupados ao invés de produtivos. A provocação se torna a procrastinação deles. Assim como o caçador de grandes chances, eles têm problemas para delegar. Eles não recusam fazer algo sozinhos; simplesmente não o fazem. O que eles fazem é, em geral, realizado de uma forma muito ineficiente no calor da rebeldia. Ser inconformista é uma coisa, mas outra é ser um inconformista que não se conforma nem com o próprio sucesso.

São muito talentosos, mas vivem pela lei da delegação. Suas habilidades virtualmente se transformam nas suas obrigações. Geralmente são tão talentosos que não querem praticar quando se trata de um esporte. O que querem fazer é chegar e entrar na partida.

Eles acham que não precisam se empenhar em manter uma disciplina emocional, a repetição e a experiência que levam à maestria. Acham que não precisam pagar o preço, não querem se submeter ao processo; eles querem apenas o retorno.

Procrastinadores rebeldes mascaram a própria baixa autoestima com uma forte autoconfiança. Eles se encaixam na categoria "bonito deprimido". Sob tudo isso, são vítimas, vivem na negação e usam a raiva para mascarar a baixa autoestima. Uma vez que a raiva desse tipo se instala e o conflito no qual são viciados é criado, eles podem então justificar o adiamento. Eles conservam, sentem e descarregam uma energia muito hostil e venenosa. Quando fazem perguntas, eles o fazem com uma ponta de raiva e controle escondida. No geral, interrompem as pessoas antes mesmo de responderem. Eles adoram provocar situações e conflitos.

Eles têm um potencial para serem produtivos e geralmente são organizados e asseados. Porém, os rebeldes ficam presos às emoções da raiva e do ressentimento, são fáceis de identificar e de desvendar porque são tão nervosos, irritados e rígidos. Você pode ver isso pelo jeito que eles se seguram: são muito negativos e obsessivo-compulsivos.

Além de os procrastinadores rebeldes terem uma forte inclinação ao vício, costumam ter colapsos emocionais por causa de toda a raiva que a procrastinação deles gera. Essa raiva pode se transformar em um câncer se retida por muito tempo. Pode criar doenças neurológicas debilitantes. Eles vivem em um constante estado de raiva, cheios de rancor de qualquer um que desafie suas ideias, seu poder ou sua autoridade. Ficam frustrados com muita facilidade, além de possessos. Gostam de fazer uma cena. A raiva se torna ódio e o ódio se torna ressentimento – isso cria um círculo completo de detenção à procrastinação.

Essa tremenda energia é raiva. Se os procrastinadores rebeldes aprendessem a canalizar a própria raiva, eles teriam um grande potencial para a produção; se tornariam uma força a ser reconhecida, assim como o são com sua rebeldia.

Vivi muito da minha vida com raiva, fazendo de tudo para criar situações que acabariam criando ressentimento. De fato, o ressentimento é a emoção que mais me contagiou. Eu fazia muito pelas pessoas, colocando-as em posições nas quais não teriam a menor chance de satisfazer as expectativas que criava, o que me permitia ficar ressentido e irritado, e então alimentava o sentimento que me mantinha preso.

No meio de todo esse caos, drama e raiva são um tempero, um fogo, uma paixão – e muitas pessoas com esse tipo de personalidade, se têm essa paixão canalizada ou aproveitada, podem mudar o rumo das coisas. Sou um exemplo perfeito. Cheguei ao fundo do poço algumas vezes; fui a vítima, cheia de raiva, rancor e indignação. Felizmente, cheguei ao ponto em que a dor era forte o bastante e escolhi seguir adiante e mudar.

Postergadores rebeldes são tão brilhantes que ficam presos na genialidade. Muitos atletas e artistas são rebeldes e inconformistas. Eles podem passar anos, às vezes décadas, dedicando-se a um esforço criativo ou artístico que os levem ao sucesso. Eles podem criar um ego inflado e achar que não precisam passar pelo processo que os outros passam.

Claro que ser um rebelde é – de muitas formas – atraente. Há uma força em dizer "Eu jamais conseguiria trabalhar em um emprego de novo". Isso é ótimo, mas você tem de ser capaz de gerar lucro. Se você tem uma organização sem fins lucrativos instalada no desconforto da sua casa porque é um rebelde, sua rebeldia não está fazendo nada por você. Se a sua rebeldia é canalizada para o adiamento, tudo que produzirá será decepção e raiva.

O procrastinador rebelde afasta as pessoas e o justifica culpando os outros, o que lhe dá uma razão para se fechar e ser a vítima furiosa. Sente-se vitimizado e reage de maneiras opostas. Esse é o tipo de pessoa que você vê no restaurante sendo grosseiro com os garçons. Ele vê as exigências e energias exteriores como ameaças à sua individualidade. Pode reagir a essa ameaça percebida com indignação ou com uma aceitação desafiadora, o que novamente o levará a adiar.

Eles costumam ser bons em começar as coisas, mas raramente as terminam, ou a fazem mal. Chegam a todo vapor e então esperam ser levados por uma descida na ladeira. Evitam tarefas de que não gostam, dizendo que elas são insignificantes e sem importância. É muito comum ver alguém com tantas habilidades e talento, especialmente na área de vendas e marketing, dizer: "Ah, não quero fazer prospecção. Não é bem isso que faço. Sou tão competente que as pessoas irão automaticamente comprar de mim. Consigo vender gelo a um esquimó".

Em vez de levar a palavra *vendas* a sério, transformá-la na profissão que realmente é, os rebeldes tendem a ser vendedores amadores, que esperam vender com base na manipulação. Contudo, há uma grande diferença entre manipulação e persuasão. Manipulação é coagir alguém a consentir com você e com o que quer. Persuasão é mostrar tanto o valor como os benefícios que se pode tirar dos serviços que você está prestando, que leva ao que é chamado de "conquistar a simpatia dos outros".

Para realmente se conectar às pessoas, devemos primeiro nos conectar com nós mesmos. Se realmente estamos constantemente nervosos com os outros, estamos na verdade nervosos conosco. Isso no geral acontece porque alguma violação nos colocou em uma situação cuja causa ainda não perdoamos. Prendemo-nos a essa situação e, afastando as pessoas, justificamos que elas não gostem de nós. Assim, podemos adiar. Essa é uma descrição do procrastinador rebelde.

Esse tipo de personalidade é viciado em adrenalina, porém, realmente não é nada honroso andar por aí dizendo: "Sou viciado em adrenalina". Os procrastinadores rebeldes recebem uma descarga imediata, um pico emocional, não só quando criam conflito e drama, mas também quando precisam resolver como desfazer a crise.

Eles enfrentam desafios com os relacionamentos e acabam sabotando a maioria deles. Embora tenham ótimas qualidades, a raiva, o mau humor e o hábito de remoer as coisas, em geral encobrem essas qualidades. Os relacionamentos de longo prazo dos procrastinadores rebeldes representam grandes desafios, pois em última análise eles antagonizam e afastam quase todas as chances de algo sério. Parceiros em potencial são repelidos por sua arrogância e insensibilidade.

Costumam usar as pessoas pegando dinheiro emprestado. Claro, pretendem devolver algum dia, porque são tão bacanas que tudo vai voltar para eles. Os rebeldes realmente modernos, habilidosos e de boa aparência são aqueles com as grandes ideias, o grande talento e a capacidade de persuadir as pessoas a apostarem em seu próximo grande projeto. E, se o grande projeto não decola, eles procuram um novo grupo social, uma nova cidade, ou um novo lugar para jogar.

Há outro tipo de rebelde passivo-agressivo: o rebelde submisso. Mulheres, principalmente as mães, geralmente se encaixam nessa descrição. Elas, muitas vezes, ficam sobrecarregadas, viciadas na decepção e comem para se sentirem melhor. Tendem a dar demais para que mais tarde possam ficar indignadas e decepcionadas. Elas culpam os outros quando não atingem a paz que procuram, se rebelam contra uma autoridade revelada e concentram-se em culpar os outros. As atitudes autoprotetoras repelem os outros e assim justificam sua decepção, e protelam.

Rebeldes são tipicamente pessimistas por natureza. Isso debilita sua inspiração para produzir em tempo hábil. Eles se sentem aproveitados, o que lhes dá o direito de se rebelarem e adiarem. Também se veem como incompreendidos, como pessoas que não deveriam realizar e produzir como todo o resto. Sentem-se à mercê dos bandidos e têm um senso distorcido do mundo em muitas situações.

Qualidades positivas dos procrastinadores rebeldes

As melhores qualidades dos procrastinadores rebeldes são sua paixão e sua energia. Mesmo que sejam negativos, dispõem de muita energia. Apesar de serem muito nervosos, a raiva canalizada pode mover montanhas, levantar um carro, ou levar um time à vitória.

Sou um exemplo clássico de alguém que costumava ser um procrastinador rebelde com uma personalidade passivo-agressiva, viciada no ressentimento. Está em meus genes, em minhas células. Mesmo que eu tenha conseguido dar uma reviravolta em minha vida, ainda procrastino e me rebelo em certas situações. Ainda provoco conflito e tenho problemas de ressentimento.

Veja o Mike Tyson. No passado, ele foi um verdadeiro exemplo a ser seguido para um procrastinador rebelde passivo-agressivo. Veja o Robert Downey Jr. e todas as situações pelas quais passou aos 20, 30 anos. Perceba como ele transformou a vida agora, após os 40 anos. Tratou os vícios e de repente sua carreira artística começou a se consolidar. Não é mais alvo de notícias sensacionalistas e há cerca de dez anos vive uma vida produtiva. Muitas pessoas são capazes de vencer os problemas com a raiva. Vi muitos indivíduos canalizando a raiva para a religião, espiritualidade, negócios, esportes e causas filantrópicas. A parte boa de abandonar a raiva é poder ensinar aos outros como fazer o mesmo; você pode mostrar a eles como se livrar da raiva e da postergação.

Um processo mágico

É hora de lançar um olhar objetivo sobre a causa que cria o efeito – um olhar honesto para o âmago da escuridão. É hora de se olhar no espelho e começar a juntar os caquinhos para descobrir por que você age assim.

Perdão é sempre o começo. Escolha perdoar as situações que geraram a causa, que agora são o efeito. Perdoe para se libertar das pessoas que o abandonaram, rejeitaram e traumatizaram. Não importa qual tipo de procrastinador você é, é sua responsabilidade entender e abraçar o poder do perdão. O perdão pode virtualmente tirá-lo da forca.

Veja se consegue identificar a causa da sua rebeldia. Olhe profundamente para si mesmo e vá construindo a ponte que liga sua protelação à sua rebeldia. Quando o fizer, com qualquer dos seis tipos de procrastinadores, será uma verdadeira vitória. O grande propósito deste livro é capacitá-lo a identificar causa e efeito e então se libertar. De repente, quando começar a fazê-lo, um novo grupo de pessoas entrará para a sua realidade; você acordará para um novo âmbito de circunstâncias.

Parece quase mágico, mas na realidade é a criação sob demanda. Quando criamos sob demanda, atraímos para a nossa realidade o reflexo de como nos sentimos e da pessoa que estamos em processo de nos tornar. É então que pessoas e situações começam a surgir, aparentemente do nada, para ressaltar o que vemos de positivo em nós. Parece mágico porque nos acostumamos a atrair o que ressalta de negativo, que vemos em nós, até que nossa jornada de crescimento tenha começado. À medida que crescemos, é assim que acontece: nos libertamos; deixamos nossa fé entrar. Permitimos que entrem as pessoas que merecemos em nossa vida. Nós nos libertamos e, de repente, o tipo de pessoa que estivemos procurando aparece, sem muito esforço de nossa parte. É a sincronia, a vida orquestrada e isso não só pode como de fato acontece.

Recentemente um de meus clientes me disse: "Estava sentado no aeroporto a caminho de casa depois de um dos meus workshops Breakthroughs to Success, quando um rapaz veio até mim e disse: 'Não sei quem é você e isso pode parecer inusitado, mas sinto que devo te dar este livro'. Mais tarde, um empresário mais velho se aproximou de mim e disse: 'Há algo em você que não sei o que é, mas quero te dar meu cartão. Seria possível, em algum momento, você me ligar? Sinto que você tem algo bom para mim'."

Talvez enquanto leia isto esteja pensando: "Isso nunca acontece comigo". E você está certo, pois, a partir do momento que diz que isso nunca acontece com você, essa é a sua expectativa. Para que isso aconteça na sua realidade, você tem de acreditar que essa é uma realidade. Tem de deixar de atrair pessoas que não são boas para você, que deixam você nervoso e procrastinando. Além disso, tem de ser capaz de permitir paz e prosperidade, deixar as pessoas verem o brilho em seus olhos, a bondade no seu coração. É com o seu coração que as pessoas querem se conectar.

Perguntas-chave para fazer a si mesmo

Se você se vê procrastinando e se rebelando, eis aqui algumas perguntas vitais para fazer a si mesmo:

- Dentro dos próximos dois a cinco anos, o que desejo estar fazendo?
- A qual processo estou disposto a me submeter para me tornar a pessoa que mereço ser?
- O que realmente estou disposto a dar?
- O que estou disposto a receber?
- O que estou disposto a criar?
- Por que eu adio?
- Qual é a causa da minha postergação?
- Por que sou tão provocador?
- Por que sou tão indignado?
- Por que sou tão impaciente?
- Por que fico ressentido com as pessoas?
- Por que sempre me coloco em situações em que acabo ressentido com as pessoas?
- Por que isso sempre acontece comigo?
- Por que atraio esses desastres?
- Por que me vejo mais delongando que produzindo?

São perguntas objetivas e honestas que você pode aprender a fazer a si mesmo por um longo período. Não há dúvida de que qualquer coisa que valha a pena ser conquistada definitivamente fará valer a pena passar por esse tipo de processo.

Eu passei por esse mesmo processo. E finalmente havia percebido que a única coisa que me aliviaria seria entender por que fazia as coisas da maneira que fazia, então comecei a prestar atenção à minha raiva. Comecei a comprar livros sobre a raiva. Um dos primeiros livros que comprei se chamava *Como lidar com a raiva*, de Ronald T. Potter-Efron. Encontrei um livro sobre o perdão, um dos poucos que já vi, chamado *Radical Forgiveness (O perdão radical)*, de Colin Tipping. Comecei a perceber como o perdão é importante. Comecei a olhar a causa da minha raiva e fui percebendo que algumas situações da minha infância foram mal interpretadas por mim. Então vi que estava culpando as pessoas erradas e, para viver na terra das promessas e da liberdade, eu teria de me libertar das situações que me mantinham como vítima.

Embora tenha ficado sóbrio, compreendi que agora eu era um bêbado que não bebia. Vi, depois de dez anos de sobriedade, que teria de aprender um modo diferente de viver para não ficar nervoso o tempo todo. Não era minha intenção ser nervoso, mas essa era minha identidade. Percebi que tinha orgulho de ser um inconformista e tão orgulhoso que achava que as regras eram apenas para os outros.

Agora, respire fundo se você se reconhece como um procrastinador rebelde. Sua raiva é paixão virada ao contrário. Sua raiva pode ser transformada em criatividade. Você pode começar a se libertar da sua raiva e começar a amar a si mesmo. Se não, de que outro modo você pode receber amor?

Escolha a colaboração – não o conflito

Hoje você criou um conflito, ou criou colaboração? Agiu gentil e amigavelmente, ou com raiva, ressentimento e aborrecimento? Deu uma gorjeta generosa a alguém, ou ficou contrariado por não receber o serviço que merecia? Você tem capacidade de entender sua própria dualidade e começar a viver em paz, no presente, no momento e no agora em vez de se prender ao passado, que gera rebeldia e inconformismo. Não há nada intrinsecamente errado em ser um inconformista, mas é hora de canalizar essa energia e transformá-la em produtividade, paixão, criatividade, colaboração e capacidade de se conectar às pessoas.

Em vez de afastar as pessoas, é hora de se conectar a elas. Recentemente, em um evento, uma pessoa veio até mim e disse: "Então, tudo o que você faz é ser palestrante e orientador?". Essa pessoa me colocou em uma posição na qual eu teria de me defender, reafirmar minha existência e o que faço. No entanto, no lugar de me deixar levar pelo procrastinador rebelde (pois sou um rebelde em reabilitação), disse: "O que isso quer dizer?". E a pessoa respondeu: "M-mas eu, eu, eu... eu não quis dizer nada!".

Aprendi, como um rebelde em reabilitação, a não levar situações assim para o lado pessoal. Aprendi a não me posicionar para o fracasso. Desenvolvi uma percepção para o conflito, o que significa que consigo identificá-los. Essa é uma habilidade que você também pode escolher desenvolver. Você pode aprender a reconhecer aqueles que tentam levá-lo ao conflito. Pode também se libertar de estar sempre certo para ser rico. Pode desenvolver a habilidade de mergulhar no presente e reconhecer quando ocorrem essas situações. Em vez de mergulhar em outro conflito, dê um passo para trás, e toda a sua percepção, sua energia, o seu ser e toda a sua presença começarão a mudar.

Quando você vive esse tipo de vida inspiradora, as pessoas querem fazer parte disso. Se você é um procrastinador rebelde, agora pode se alegrar em poder encontrar uma válvula de escape para a angústia, energia, rebeldia, inconformismo, sede e vontade.

Você não precisa ser uma vítima, não precisa ser um postergador. Você tem capacidade de produzir, de se tornar alguém que transmita riqueza e influência. Pode se tornar um exemplo a ser seguido, um mentor, um mensageiro, um embaixador da mudança!

Capítulo 6
O VICIADO EM DRAMA

Agora vamos falar do viciado em drama. Esse é o postergador do último minuto, o tipo de pessoa que acredita que trabalha melhor sob pressão. Ele se orgulha disso, acreditando ser nobre criar toda aquela adrenalina e energia frenética, para então, no último minuto, salvar o dia e a si mesmo.

Você já fez algo parecido? Você espera até estar encurralado. Está chovendo, está uma tempestade, um tornado está chegando, um furacão, uma torrente, um tufão. Você não tem mais dinheiro na conta. Está falido emocional e espiritualmente, mas de repente vai até o armário e pega seu uniforme de super-herói. Você se olha no espelho e fica orgulhoso de ter o que é preciso para vencer a crise. Vai fundo na alma; você venceu, é vitorioso! E então, depois de tudo, está exausto por toda a energia que empregou para vencer a condição que você mesmo criou.

Ou talvez você tenha crescido com um louco por drama em casa, alguém que sempre estava no meio de uma crise ou de um colapso. Viciados em drama não conseguem imaginar a vida de outro jeito e eles se iludem quanto à tamanha energia que esse drama consome. Eles se gabam em superar obstáculos, desafios e situações adversas, e têm orgulho do nobre esforço necessário para vencer essas situações. Mas, na verdade, como resultado de serem tão preguiçosos e se sentirem responsáveis por tudo, são procrastinadores crônicos que esperam para agir até que a dor esteja forte o bastante.

Em relação à minha própria experiência, costumava dizer coisas como: "Eu vou conseguir, nem que eu morra", e realmente foi quase o que aconteceu. Vivi com enxaqueca durante oito anos por causa da pressão que colocava sobre mim mesmo. Aprendi mais tarde que a pressão é uma ilusão. Nós criamos nossa própria pressão, e a usamos para liberar todo o cortisol que nos mantém presos e toda a adrenalina necessária para conjurar esses sentimentos de super-herói, a fim de vencer as situações criadas por nós mesmos.

Os viciados em drama são uns dos mais destrutivos de todos os tipos de procrastinadores. Porém, a luz que brilha dentro dessas pessoas indica que são indivíduos muito criativos – é preciso muita criatividade para criar esse tipo de drama no qual muitos de nós vivemos! Há muitas semelhanças entre o rebelde e o viciado em drama, mas vamos analisar algumas distinções importantes.

Características dos viciados em drama

O ego do viciado em drama continuamente atrai e cria drama, e tende a enfrentar as tempestades das crises e do caos. Viciados em drama são responsáveis pelo drama que criam. Eles são viciados nos sentimentos e se valem da descarga de adrenalina para salvar o dia sob condições emergenciais.

Viciados em drama são muito passivos e tímidos ou muito energéticos e hostis. Constantemente as outras pessoas têm de cuidar de seus negócios pessoais e profissionais enquanto eles perseguem uma distração atrás da outra, apenas para manter o drama e a diversão na própria vida. Viciados em drama vivem dentro de seu próprio filme. Estão sempre correndo, sempre em contato com a família e os amigos – mas quase nunca pontualmente. Gostam de fazer aparições dramáticas.

Eles se preocupam com a adrenalina de chamar atenção para si e envolver os outros na vida caótica deles. Eles vivem na negação e raramente reconhecem o jeito como perdem tempo adiando e esgotando suas energias em caos e drama. Viciados em drama atraem pessoas e situações que os levarão constantemente a reacender o modo de crise.

Acabei de definir como eu era. Durante a reabilitação, descobri que eu não só era um viciado como muito codependente. Em outras palavras, eu podia entrar no modo de crise e podia entrar no modo de resgate. Eu podia ser um viciado em drama e podia resgatar viciados em drama – de qualquer jeito alimentava minha autoestima.

Na personalidade deles, há uma linha tênue separando sucesso e sabotagem. Viciados em drama atraem pessoas e situações que os levarão constantemente a reacender o modo de crise. Eles oscilam de um extremo o outro – de um superalto a um superbaixo. Mesmo no modo superalto, eles podem protelar, porque nesse ponto começam a imaginar situações. Eles fantasiam com os resultados. Enxergam vividamente e são muito criativos; têm muito em comum com o rebelde revoltado. Eles podem criar um drama com alguém, ou podem resgatar essa mesma pessoa do drama. As palavras *prático*, *metódico* e *realista* não existem no seu vocabulário. Eles são grandes sonhadores e extremamente idealistas. Não têm tempo para ser realistas ou práticos; é chato demais.

Viciados em drama vivem para a decepção. É por isso que o adiamento se torna um estilo de vida para eles, pois postergando não há como falhar. Ao adiar, eles podem acabar eventualmente culpando alguém e justificar a falta de responsabilidade pelos próprios sentimentos. Eles não prestam atenção ao mundano, à rotina dos aspectos diários da vida (pagar contas, impostos, alimentar-se bem, fazer exercícios). Procrastinadores viciados em drama não são orientados para os detalhes. Vivem em um constante estado de sonho e soltam frases de crise como: "Ah, minha vida acabou. Estou fora de mim. Como vou pagar minhas contas?". Eles são vítimas com fome de atenção. Ao fazer comentários dramáticos, eles não só chamam atenção dos outros como encontram um motivo para procrastinar. Eles deixam se levar pela gravidade da situação, e operam por um princípio intenso de dor e prazer.

Quando a dor é forte o bastante, o viciado em drama às vezes encontra um lugar onde se sente confortável o suficiente para se libertar. Eles entram em um modo de *superstar* pelo qual vencem seus desafios, mas nunca estão em equilíbrio. Passam da procrastinação à produção e geralmente a procrastinação dura anos. E ainda chamam atenção aparecendo como impotentes e deprimidos – isso lhes dá um motivo consistente para adiar.

Embora eles afastem os outros por causa de todo o drama, muitos deles têm ótimas habilidades pessoais, o que os torna capazes de convencer as pessoas a resgatá-las. (Lembrando que falo por experiência.) Esse tipo de pessoa pode confundi-lo, pois parece ter tudo – todas as qualidades para o sucesso. Eles são as pessoas que "deveriam ser", mas não são. Apesar de geralmente serem os indivíduos mais talentosos e mais criativos que você conheça, frequentemente também são os mais traumatizados, os mais magoados e definitivamente os mais corrompidos. A boa notícia é que, graças à criatividade deles, não importa em que estado esteja um viciado em drama, eles conseguem superar.

Viciados em drama geram muito ressentimento na família e nos círculos de influência. Eles são muito bons em reverter as situações para controlar os sentimentos dos outros, o que lhes permite justificar por que se sentem como vítimas. Quando eles estão no modo de vítima, tipicamente começam a protelar. E, durante a procrastinação, eles podem sofrer um grande colapso; eles podem seduzir membros da família ou outros de seus círculos de influência a resgatá-lo. Após explosões de raiva, crises, colapsos, ou manipulações, eles têm, então, um motivo para ficar na cama durante dias. Têm um motivo para se esconderem embaixo do cobertor, evitando a realidade. Depois de tudo que passaram na mais recente crise, geralmente levam dias para se recuperarem e voltarem a ter algum senso de produção. Não é raro esperarem de dois a três dias para voltar à luta, pois eles se agarram a seus sentimentos, se prendem aos eventos. Também não é incomum um viciado em drama aparecer com o rosto inchado após um desses episódios.

Por causa do drama criado pela procrastinação, eles produzem sob adrenalina e uma energia frenética. E devido aos sentimentos viciosos que os levam ao drama e à procrastinação, o maior desafio deles é ficar constantemente em produção. Ficam facilmente sobrecarregados e esgotados por causa de todas as emoções contidas. São esses sentimentos que deixam o viciado em drama vivendo o drama.

É muito comum um viciado em drama ficar completamente acima do peso ou completamente desnutrido por causa da dualidade e contradição em que vivem. Eles podem oscilar entre o ganho de peso e uma enorme perda de peso. Não sabem onde achar o meio-termo. É esse meio-termo que você procura se você se identifica com essa personalidade: equilíbrio, harmonia, espiritualidade, realidade e objetividade.

Seus resultados e níveis de produção são abaixo da média. Eles se fecham e ficam mal-humorados, e então criam crises mais intensas, dramas e cenas para justificarem a vitimização. Não aprenderam a separar a vítima do vencedor. Para criar a intensa pressão da qual eles se valem, os viciados em drama adiam até o último minuto – até o acúmulo estar ao extremo, a ponto de ser necessário um esforço sobre-humano para concluir uma tarefa. Gostam de contar histórias sobre esses esforços que empenharam e que os deixaram exaustos. No final do dia, você frequentemente escutará: "Estou esgotado! Você não faz ideia do que enfrentei!" ou "O que tive de passar para chegar aqui! O trânsito estava horrendo". Suas palavras são cheias de drama. Seus assuntos são cheios de drama.

O drama desse tipo de postergador é atribuído às histórias que eles usam para manter a identidade, criando a desculpa para adiar. Permitem que a baixa autoestima governe – ela os previne de falhar. Porém, os viciados em drama não enxergam isso, porque suas histórias se tornam a própria identidade. Tenho empatia por esse tipo de procrastinador, porque todos eles já foram magoados, machucados, corrompidos, traumatizados por situações e eventos que moldaram os sentimentos deles nessa identidade. Seus sentimentos se tornaram o estado de espírito deles, que se tornou sua identidade. Agora eles se identificam com viciados em drama, com procrastinadores dramáticos. Eles criam drama para terem a chance de ser o centro das atenções.

Viciados em drama são muito teatrais; eles adoram os holofotes. O filme *Crepúsculo dos Deuses*, estrelando Gloria Swanson e William Holden, conta a história de uma clássica viciada em drama, uma atriz em decadência que deseja voltar para debaixo dos holofotes. Ela não atua faz anos, tempo que passou escondida em sua mansão por não conseguir atravessar a ponte dos filmes mudos aos filmes falados. Ela protela por anos e então cria um enorme evento dramático que acaba em um desfecho maior. Viciados em drama agem arrastando as pessoas para dentro de seus dramas. Eles agem chamando a atenção de todos. Criam suspense e a procrastinação é a ferramenta que usam para realizar suas proezas dramáticas.

Procrastinadores viciados em drama costumam carregar muita raiva e ressentimento não resolvidos, criando explosões e confrontos. Eles batem portas, saem andando dos lugares e gritam ameaças. A procrastinação se torna o motivo para culpar os outros. Viciados em drama consistentemente apontam o dedo para os outros. Esse tipo de energia cria o superalto que eles buscam no inconsciente. Eles recebem um pico de adrenalina, que, quando diminui, faz se instalarem remorso, culpa e vergonha, seguidos de um superbaixo, levando à estabilização até que a próxima explosão aconteça. Entre a estabilização e a explosão, a postergação se instala.

Viciados dramáticos, no geral, se valem de álcool e drogas para aliviar seus sentimentos não resolvidos. Isso acumula toda a atenção de esposa/marido, amigos e familiares. Esse comportamento não é intencional – eles simplesmente procuram uma saída mais fácil e indolor para libertar um pouco da pressão emocional que criaram e da qual não podem sempre escapar. Eles frequentemente se convencem de que são desequilibrados hormonal ou quimicamente e perseguirão por qualquer caminho que puderem para encontrar uma cura – qualquer coisa menos olhar para o próprio interior e mudar. Eles correm para os médicos para tratar seus transtornos de déficit de atenção com medicações prescritas, suas oscilações de humor, ou suas bipolaridades e eventualmente ficam viciados em comprimidos – estimulantes, calmantes, qualquer coisa. Infelizmente, os procrastinadores viciados em drama apresentam as maiores taxas de suicídio, pois é preciso muita energia para alimentar esse estado. Com isso doenças debilitantes podem se desenvolver como resultado da quantidade de energia que eles esgotam nessa condição.

Afirmações para os viciados em drama em reabilitação

Há muitos anos inventei afirmações que comecei a usar para neutralizar meu próprio drama. Eis algumas delas:

"Chega de sacrifícios!"

"Cansei do drama. Estou abandonando o drama."

"Sou um viciado em drama em reabilitação. Sou um criador de caos em reabilitação. Não preciso mais desse drama."

"Estou consciente do drama de outras pessoas. Estou aprendendo a ser objetivo."

Pergunte-se quais emoções originam o seu drama: raiva, ódio, culpa, ressentimento, abandono, rejeição ou opressão? A seguir, reconheça de qual forma esse drama leva ao adiamento, como o adiamento leva à decepção, como a decepção leva à culpa e à vergonha e como isso tudo leva a uma vida de potenciais frustrados.

Desenvolva uma percepção objetiva

Sei exatamente como é criar esse tipo de drama, é algo íntimo para mim. Veja um exemplo recente: alguém não quis mais os meus serviços de orador, e me prendi à situação por alguns meses, algumas horas e, mesmo durante a noite – pela primeira vez em muitos anos, acordei no meio da noite me sentindo completamente abalado por isso. Acordei suando, e então percebi quanta energia estava dando para outra pessoa.

Você deve criar uma percepção para entender por que você age da forma que age quando você sabe que isso definitivamente não o ajuda em nada. Passei por isso. Passei os últimos dois anos do meu alcoolismo procrastinando. Tinha um emprego, mas fazia apenas o suficiente para sobreviver nele. Eu mal fazia minhas tarefas e ainda assim bebia toda noite até me afundar em esquecimento. Todo dia acordava com ressaca e era preciso um estalo miraculoso no começo da tarde para que eu me recobrasse. Então, trabalhava como um louco para compensar à tarde o que eu não havia feito de manhã, ficando exausto por volta das 17 horas. Às 17 horas, meu alarme da bebida disparava e então começava tudo de novo.

Se você tem muito caos na vida, é hora de se libertar disso, um minuto por vez. Separe um tempo para avaliar, objetiva e realisticamente, sua situação. Você fez um drama hoje? Sempre haverá alguma medida de drama e caos – assim é a vida. Mas você usa o drama e o caos como formas de chamar atenção e adiar eventualmente?

Se for o caso, comece a ser realista consigo mesmo. Aprenda a ser objetivo. Você pode mudar o modo como se sente. Pode mudar o modo como age. Mais do que qualquer coisa, se você é um viciado em drama, deve aprender a relaxar. Preso a ciclos autodestrutivos de excitação, de picos de adrenalina seguidos por colapsos, você nunca aproveitará o valor energizante que a genuína paz de espírito, o estado de fluxo, oferece, até que conscientemente se reinvente. Isso é exatamente o que venho aprendendo nos últimos 23 anos.

Se isso o descreve, não é hora de usar o seu poder ao invés de permanecer impotente? Quando começar a entender isso, você não alimentará mais esses sentimentos.

Neutralize o drama

Sempre aparecerão pessoas em nossa vida para nos lembrar de acontecimentos passados; não importa quanto progresso já fizemos, sempre teremos uma medida de drama e caos. O segredo é aprender a neutralizar os sentimentos que criam a causa para que se possa viver o efeito. Isso exige autonomia (em outras palavras, independência). A próxima vez que sentir o drama se aproximando, veja se consegue se desviar antes de chegar ao limite. Comece respirando fundo.

Para vencer o drama, primeiro aprenda a identificá-lo em si mesmo, e então poderá pressentir, sentir e ver o drama em outras pessoas. Você se tornará um viciado em drama em reabilitação. O oposto da procrastinação é a produção.

Uma pessoa me ligou recentemente e começou a me dar um sermão sobre as situações que eu havia criado. Na verdade, essa pessoa estava me usando como desculpa para sua própria falta de autoestima e para os desafios que ela mesmo havia criado. Durante a conversa, comecei a sentir aqueles velhos sentimentos de novo, mas, antes de me exceder, consegui neutralizá-los antes de me deixar levar pelo drama dele.

Escolha cuidadosamente suas palavras

Comece a mudar sua perspectiva evitando uma linguagem exageradamente dramática. As afirmações mais importantes que digo aos meus clientes para evitar são aquelas que dizem o quanto estão cansados, o quanto estão exaustos, o quanto estão esgotados, porque sua mente inconsciente não separa fatos de ficção.

Ao longo da minha longa carreira, aprendi a descansar e não depositar tanta pressão em dormir. Raramente acordo no meio da noite da maneira que acordava. Costumava suar enquanto dormia. Costumava me mexer, me revirar, além de tomar remédios para dormir. A paz agora é um estilo de vida e minha energia mudou.

As palavras que pronunciamos se tornam a nossa realidade. Não é importante você, a essa altura da vida, começar a mudar as escolhas de palavras? Repita com convicção que você não é um viciado em drama, que não é um postergador. Você simplesmente adia em áreas isoladas nas quais percebe dor. Assim que identificar essas áreas, você desenvolverá a percepção necessária para se libertar dos sentimentos que criam o efeito da dor. Entender a causa que gera o efeito é a chave para se libertar da procrastinação.

Ao mesmo tempo, entenda que, não importa o quanto progrida, sempre haverá vezes em que postergará. Ser perfeito é algo supervalorizado – ser bom é o bastante. Quando perceber que ser bom é o bastante, poderá, então, ser ótimo. Porém, se quer ser uma celebridade sem se submeter a um processo, se sujeitará à decepção. E decepção leva à procrastinação.

Dicas para largar o drama

Se você se vê criando drama, o que lhe dá uma desculpa para se delongar, visualize como seria e como se sentiria produzindo. O que aconteceria se toda a sua bagunça e o caos começassem a ir embora? Como seria viver sem drama?

Se estiver criando drama, caos e crises, imagine o peso que isso tem sobre o corpo, a vida e sobre as pessoas do seu círculo de influência. Visualize como seria depois que o drama acabasse. Você tem capacidade de ser um filantropo, tem a capacidade de curar. Pode desenvolver a capacidade de ensinar e liderar. Você detém a capacidade de criar riqueza. Tudo de que precisa está dentro de você.

Com toda a criatividade necessária para criar esse drama, imagine o quanto poderia produzir – imagine as pessoas cuja vida poderia mudar. Imagine como seria a sua vida se começasse a eliminar boa parte desse drama. Pergunte a si mesmo "Estou pronto para me transformar?".

O estresse é uma parte essencial da vida. Somos inclinados a pensar no estresse em termos negativos, como ansiedade, pressão ou tensão, mas também há conotações positivas, como entusiasmo, intensidade e estimulação. Comece a ver o estresse como energia, a energia que você tem usado para criar o drama e canalize essa energia para a paixão.

Ame o que você faz e não irá adiar. Encontre algo mais significativo do que os seus problemas. Encontre metas maiores do que os seus desafios. Crie e desenvolva seu propósito. Encontre algo que o motive. Viva uma vida inspiradora. Quando começar a fazer isso, estará jogando um jogo completamente diferente.

Drama e postergação consomem muita energia, mas é o mesmo tipo de energia que a produção pede. Você pode aprender a reverter essa energia. Ao invés de ser a vítima, será um vitorioso. Ao invés de ser um perdedor, será alguém que dispõe de escolhas. Ao invés de engolir fumaça, será um milionário. E ao invés de se sentir esgotado, se sentirá libertado. Você é uma pessoa altamente produtiva na sociedade, buscando resultados para si e para os outros. Você merece conquistar tudo isso!

Capítulo 7
O DOADOR FURIOSO

Agora examinaremos dois tipos de procrastinadores que realmente se encaixam em uma identidade: o doador furioso e o procrastinador hipercomprometido. Nos dois casos, essa identidade é baseada na produção. Doadores furiosos produzem sob a perspectiva da generosidade, geralmente com problemas de rancor escondidos sob as aparências. Eles tendem a doar e doar e doar, mas essa generosidade vem de uma necessidade de aprovação. Tipicamente se comprometem demais em seu papel como doadores, ficando sobrecarregados... e, então, adiam.

Doadores furiosos ficam tão concentrados em cuidar de todos, que negligenciam a si mesmos, resultando em sobrecarga e postergação em áreas importantes. Eles adiam quanto à saúde e boa forma. Por serem tão comprometidos com os outros, enfrentam dificuldades em ganhar dinheiro; eles também têm problemas com culpa. É muito comum terem problemas com a intimidade na vida pessoal, já que sempre estão ocupados ajudando os outros. No casamento, tendem a doar tanto que atraem alguém que não recebe da mesma forma e, então, ficam ressentidos.

Procrastinadores sobrecarregados e altamente produtivos são parecidos com os doadores furiosos. Eles levam a produção ao extremo, ao ponto de terem quase nenhum equilíbrio na vida. Tipicamente tendem a basear suas identidades na produção. Em geral, são movidos mais pelo desejo de produzir antes, que pelo desejo de dar. Esses dois tipos de postergadores costumam se dedicar 10, 12, 14 e até 16 horas por dia. Eles fazem o que for preciso para ter tudo pronto.

Características do doador furioso

Doadores furiosos dizem "sim" para tudo; eles não conseguem (e não o fazem) dizer "não". Têm orgulho de doar e servir – doam e doam e doam. Eles se doam tanto ao ponto de afastarem os mesmos indivíduos que tentam servir.

Uma vez eu estava apresentando um evento em Los Angeles, quando um rapaz muito bonito veio voando pelo lobby. Ele disse: "Deixe-me levar a mala para o senhor".

Eu disse: "Tudo bem. Eu levo".

Ele insistiu: "Não, não. Deixe comigo. Seria uma honra". E isso acabou virando uma disputa, ao ponto de desejar que ele fosse embora.

Ele continuou perguntando: "Por que o senhor não quer que eu leve sua mala?".

Finalmente eu disse: "Por que você está começando a me incomodar. Você poderia ir embora?".

Ele simplesmente não entendia. Sua identidade era tão fundada em doar-se que era quase ofensivo.

Há alguns anos, entrei em contato com uma organização cujo fundamento era servir e comecei a perceber uma dinâmica muito interessante: embora seus membros fossem ótimos doadores, muito poucos eram producentes. Eles ficam tão consumidos por "servir" que uma grande porcentagem da sua liderança nunca produzia. Não foi à toa que, mais tarde, o líder do grupo e a equipe inteira entraram em colapso por não haver nenhuma produção. Isso é levar o serviço ao extremo. É preciso haver um equilíbrio entre servir e produzir.

A doação do doador furioso é geralmente mascarada; por causa da sua baixa autoestima, sua doação tem realmente a ver com controle. Isso é um exemplo de codependência. Esse tipo de doação autoriza que eles não cuidem de si mesmos. Toda a sua identidade é cuidar dos filhos, dos pais, dos netos. Se trabalham, eles tendem a se preocupar com seus superiores ou com os donos da companhia. Eles são os servos do mundo. Se não tomam conta de alguém, eles não têm identidade. Esse geralmente é o caso de uma mãe que cuida de todo mundo em uma família grande: quando o último filho sai de casa, essa mãe tem de redescobrir sua identidade. No entanto, servir a si mesma gera sentimentos de culpa, e isso leva à inatividade e ao adiamento.

Não há nada de errado em fornecer um bom serviço, mas, se o serviço se torna a sua identidade, com zero de equilíbrio e pouca produção, então isso se torna um vício. A essa altura você já sabe que um vício se transforma em postergação.

Doadores furiosos tendem a doar demais como uma maneira de obter aprovação e reconhecimento. Infelizmente, eles nunca se sentem reconhecidos e recompensados de forma justa, pois uma grande parte da população não retribui. Doadores furiosos ficam ressentidos por não serem reconhecidos por seu serviço. Ficam remoendo o sentimento, causando drama e conflito por se sentirem menosprezados. A motivação em doar e servir deve ser reconhecida.

Eles enfrentam grandes desafios quando passam de funcionários a empresários. Eles são tão propensos a doar que acabam não sabendo produzir para si mesmos. Toda a sua identidade como funcionário é trabalhar para os outros e cuidar de seus trabalhos. Treinei milhares de pessoas que eram ótimos funcionários, mas que estavam patinando como empresários. Tipicamente, esse tipo de pessoa passa a maior parte do início da carreira empresarial preparando-se para estar pronto – em outras palavras, protelando. Ele sempre parece ocupado – está inteirado nas ligações, faz seminários on-line, treinamentos, comparece a eventos, reuniões e convenções. Ele faz de tudo, menos produzir.

Por se comprometerem demais com seu treinamento, talvez compareçam a um evento de Tony Robbins, depois a outro de Jack Canfield e outro de Mark Victor Hansen, seguido de um evento da Golden Mastermind e depois vão a mais outra palestra. Embora tenham um ótimo treinamento naquilo que pode levá-los ao sucesso, o que eles realmente estão criando é o que chamo de "uma organização sem fins lucrativos no desconforto de casa". Criar uma organização lucrativa no conforto de casa é o sonho. No entanto, isso exige aplicação do conhecimento adquirido em forma de produção. Sem produção, a postergação domina – daí o desconforto, o "não lucrativo".

Doadores hipercomprometidos e furiosos costumam não ter vida própria. Ao doarem-se demais, comprometerem-se e fazerem nessa mesma proporção, as outras áreas da vida desmoronam. Ficam tão sobrecarregados pelas muitas obrigações que assumem que acabam adiando e negligenciando outras áreas importantes da vida. Deixam que a carreira os consuma; eles não têm outra identidade que não seja a profissão. Relaxar está fora de questão, pois são muito ocupados. A culpa é uma força motora por trás disso. Eles têm muito o que fazer para relaxar, muita culpa para diminuir o ritmo, muito o que fazer para ter um relacionamento, muita culpa para sair de férias, muito o que fazer para visitar os parentes. Até os doadores producentes negligenciam áreas da vida que trariam alegria, felicidade, paz, descontração e – acima de tudo – amor.

É muito comum essas pessoas não estarem em um relacionamento, porque a carreira se torna o próprio relacionamento. Elas desenvolvem uma relação de amor e ódio com a carreira. Amam o que fazem, mas assumem tantas responsabilidades que ficam sobrecarregadas e, eventualmente, acabam ressentindo o que fazem. A essa altura, sua produção começa a desmoronar e elas acabam ficando apenas ocupadas. Elas acabam procrastinando a vida. Sentem-se presas às ocupações e à produção, sem se permitirem um tempo para curtir a vida e relaxar.

O doador furioso é facilmente atraído a dizer "sim" quando a intenção é dizer "não". As pessoas do círculo de influências do doador furioso sabem que podem contar com ele, pois ele é muito dependente. "Você pode passar um recado para mim?" "Será que você me levaria ao aeroporto?" "Tem algum jeito de você me emprestar um dinheiro?" O que o doador furioso escuta é: "Eu passei por alguns altos e baixos e seria ótimo se eu pudesse te convencer a me emprestar um dinheiro que eu nunca vou devolver, para que você se sinta decepcionado e ressentido, e obrigado por toda essa situação". Mais tarde, eles ficam ressentidos por não conseguirem dizer "não".

Eles podem parecer altamente produtivos, mas estão na verdade ativamente sobrecarregados. Seu trabalho se acumula em pilhas. Eles começam a perder prazos e compromissos. Eles remarcam, reagendam e continuam atrasados, ficando para trás e esquecendo informações importantes. Isso leva para um tipo de adiamento mais difícil de detectar. É normal a vida de um doador hipercomprometido desmoronar em muitas áreas.

Uma vez treinei um senhor que tinha um emprego, mas estava em processo de se tornar empresário. O pai dele o transformou em um agente da sua vontade e continuou consumindo boa parte do tempo do filho. Meu cliente começou a gastar de três a sete horas do dia dele organizando as papeladas do pai de 90 anos de idade. Seria compreensível se isso tivesse durado apenas algumas semanas, mas durou anos. Ao invés de ser producente e tocar o seu negócio, meu cliente passou a maior parte do tempo dele cuidando do pai. Até hoje, o pai continua vivo, muito bem aos 90 e poucos anos, e saudável.

Doadores furiosos tipicamente não se alimentam bem, consomem alimentos com gordura trans, açúcar, cafeína e *fast-food*. Os exercícios são sempre evitados, porque essa é uma área que exige comprometimento, assim como a alimentação saudável. "Eu não tenho tempo. Minha agenda é tão cheia que não tenho tempo para exercícios. Sei que estou pesando 110 quilos, mas você não entende, tenho tantos assuntos para cuidar. Não há como mudar minha dieta. Eu simplesmente não tenho tempo, não tenho como planejar. Não tenho como trazer almoço. Não tenho tempo para cozinhar. Tenho de comprar qualquer coisa e comer na minha mesa." Doadores furiosos se sentem ludibriados em situações que eles mesmos criaram.

Eles têm de realizar as tarefas perfeitamente e, por causa de sua incapacidade de delegar, tipicamente levam muito mais tempo para fazer o que é preciso. No começo de minha carreira empresarial, contratei um de meus primeiros funcionários – um jovem brilhante que mostrou muito potencial. No começo, eu ficava admirado com o comprometimento dele. Após alguns meses observando-o, ocorreu-me que o tempo de resposta dele era muito ineficaz. Embora ele ficasse até bem tarde e dissesse o quão comprometido estava, ele levava muito mais tempo para realizar uma tarefa do que deveria. Eventualmente tive de dispensá-lo. Ele poderia facilmente terminar as tarefas às 17 horas, mas acabava ficando até as 21 ou 22 horas. Ficava obcecado em certas situações. Não era isso que eu estava pedindo e, de fato, sua carga de trabalho não era assim tão pesada. Ele perdeu tanto tempo superanalisando as coisas na paralisia da análise. Fazia coisas que eu não havia pedido e negligenciava o que eu havia pedido, ficando ressentido quando chamava a atenção dele nessas situações.

É muito comum que os doadores furiosos façam mais do que é necessário e adiem para fazer o que realmente é importante. Isso geralmente se reflete em sua aparência: eles tendem a ganhar peso como resultado de estarem sobrecarregados com seus compromissos e sua falta de disciplina. Doadores furiosos tendem a acumular tudo para si; também acumulam seus sentimentos de mágoa e ressentimento. Eles escondem esses sentimentos com remédios e álcool e principalmente com comida. Doadores furiosos têm problemas de equilíbrio. Em vez de acumularem tudo para si, não é raro irem para o outro extremo, negligenciando a própria saúde e ficando extremamente magros por negarem alegria, boa alimentação e descanso para si mesmos. Eles são tão produtivos que não têm tempo para aproveitar o sucesso; sempre estão com o pensamento no próximo objetivo ou na próxima conquista. Eles parecem nunca ter o suficiente, porque não são o suficiente – na opinião deles.

Doadores furiosos costumam seguir uma carreira orientada para o serviço – conselheiros, curandeiros, profissionais da área médica, e assim por diante. Eles têm dificuldade em fazer cobranças, pois têm conflitos em relação a receber. Oferecem um ótimo serviço, mas há uma incongruência entre atrair clientes, manter o negócio e receber pagamentos. Eles podem ter desafios em coletar. Treinei empreiteiros talentosos que acabaram indo à falência por não conseguirem fazer as cobranças das faturas. Eles faziam um ótimo trabalho, ofereciam um ótimo serviço e entregavam qualidade, mas tinham problemas sérios em receber a compensação pelo valor que entregavam.

Muitos de nós crescemos com a ideia de que é melhor doar do que receber. Por que há essa distância tão grande entre doar e receber? Por que não fazer os dois? Se isso é algo que você questiona, estas afirmações o ajudarão:

Agora que sou adulto...

> Estou à vontade para doar e receber.

> Sou capaz de equilibrar o quanto dou e o quanto recebo.

> Estou à vontade para me tornar alguém que recebe.
> Estou me sentindo melhor quanto a mim mesmo e quanto a pedir o que mereço.
> Sou capaz de reclamar o que acredito ter realizado.

Quando crianças, os doadores furiosos podem ter sido forçados a ser de determinado modo. Tive o privilégio de treinar uma campeã de tênis. Ela foi campeã de torneios em cidades em uma grande metrópole durante a adolescência. Um de seus maiores desafios era ser capaz de receber e ela colocou uma pressão enorme em si mesma. Eu soube que, depois do colegial, ela rompeu um ligamento do joelho, o que efetivamente pôs um fim em sua carreira. Ela conseguiu uma bolsa de estudos em uma pequena universidade, mas nunca se destacou da forma como seus pais esperavam. Quando ela se formou e já não podia mais jogar profissionalmente por causa da lesão, seus pais ficaram extremamente decepcionados. Seu pai disse que sentia que havia gastado suas economias da vida toda para que ela pudesse ser uma jogadora profissional e cuidasse da família. Depois de adulta, sentiu a obrigação de pagar de volta a seus pais todo o dinheiro que haviam gastado com ela. Durante o nosso treinamento, consegui capacitá-la a praticar o perdão e abandonar o ressentimento que ela sentia por ter de cuidar dos pais.

Já treinei inúmeros clientes que foram forçados a seguirem carreiras como o direito ou a medicina, embora o que eles realmente quisessem era ser artistas, atletas ou músicos. Treinei muitos médicos que nunca quiseram ser médicos. Porém, ao invés de seguirem suas verdadeiras paixões, seguiram carreiras que seus pais escolheram para eles. Um deles pediu falência aos 40 anos por simplesmente não ter a paixão de administrar um negócio e acabou deixando o negócio tomar conta dele. Seu negócio eventualmente foi atropelado.

Procrastinadores viciados em produção

Um subtipo do doador furioso é o procrastinador viciado em produção. Parece contraditório, não é? Nós não pensamos em alguém producente tendo que lutar contra a postergação, mas continue lendo.

Viciados em produção se tornam excessivamente comprometidos com o próprio sucesso; a produção se torna a própria identidade deles. Eles são tão impulsionados que evitam as outras áreas da vida – mais precisamente a intimidade, casamentos e familiares próximos. Apesar de serem ovacionados no palco, eles frequentemente se sentem vazios quando todos vão embora, pois não haverá ninguém por perto para bajulá-los. O sucesso se torna a identidade deles. O dinheiro se torna a identidade deles. Mas quando o sucesso ou o dinheiro acabam a identidade deles também desaparece.

Agora vou ser bem sincero com você: já estive nessa situação muitas vezes. Já fui tão culpado quanto alguns dos viciados em produção que conheci e treinei durante minha carreira. Hoje, porém, me permito passar menos tempo produzindo e mais tempo próximo das pessoas que amo.

Sentia culpa quando tirava férias. Adiava quanto a ter uma vida. O segredo para vencer essa situação é perceber que o sucesso não vale nada se você não tem ninguém com quem compartilhá-lo. Para que serve o dinheiro se não se tem ninguém no seu círculo de influência? Observei muitas pessoas transformarem o negócio em um vício. Serei o primeiro a admitir que isso aconteceu comigo uma vez ou outra, e há momentos em que ainda luto contra. No começo de minha carreira, trabalhava o dia inteiro até tarde e, antes de dormir, lia algum livro de desenvolvimento pessoal e autoaperfeiçoamento.

Vou contar um segredinho a você: adoro ler ficção para desenvolver equilíbrio. Adoro ficção porque ela me representa um escape. Em um período de dois anos li todas as histórias de velho oeste do escritor ficcionista Louis L'Amour, e esses foram uns dos momentos mais agradáveis que já tive. No começo, se estivesse em um avião com meus funcionários, me sentia culpado por deixar que me vissem lendo ficção. Finalmente, durante um voo, abri o jogo e disse: "Ei, pessoal, olhem só isso. Este livro se chama *Last of the Breed* (O último da raça). É um dos últimos livros do Louis L'Amour. É um livro incrível, mesmo que de ficção". Adoro ficção: policiais, de guerra e históricos. Gosto do History Channel, de DVDs, de filmes, de viagens, de experiências.

Tenho uma coleção de carros antigos. Durante anos eles ficaram na garagem, mas agora aprendi a ser capaz de pegar um deles à noite e sair, abaixar os vidros, sentir a maravilhosa brisa da Califórnia. De que serve ter aquele carro antigo lindo com que você sempre sonhou, se nunca o dirige? É hora de apreciar as pequenas coisas da vida.

Minha esposa é ávida por equitação e tem dois lindos cavalos e ela monta quatro vezes por semana. Todo ano ela comparece a diversas exibições de cavalos nas quais compete. Volta para casa absolutamente radiante após essa experiência, narrando seus últimos avanços e conquistas.

Eu costumava odiar a palavra *equilíbrio*. Retorcia-me quando alguém falava em equilíbrio; entrava no modo lutar ou fugir. Nunca vou esquecer quando duas mulheres me buscaram de carro, a caminho de um evento. Elas me perguntaram "O que você faz para se divertir?". Fiquei perplexo. Que diabos era diversão? Não me divertia desde o final dos anos 1970. "Eu sou producente. Eu produzo." Eu realmente disse isso, e agora, quando olho para trás, dou risada. Sei que elas pensaram que eu era bizarro, e estavam certas, pois naquela época essa era minha identidade. Ser um viciado em produção me custou relacionamentos em muitas áreas da vida, mas nos últimos anos aprendi a não dar importância para o controle.

Guarde tempo para você

Doar-se demais, fazer demais, ou se comprometer demais tem sido sua identidade, é hora de olhar para os motivos que o levam a fazer o que você faz.

- Quando foi a última vez que tirou férias?
- Quando foi a última vez que se deu o luxo e a descontração de tirar um tempo livre e dedicá-lo para si?
- Quando foi a última vez que se mimou?
- Quando foi a última vez que fez algo por você mesmo?

É hora de abandonar a culpa e começar a entender que, para se tornar uma pessoa altamente eficiente e producente, é preciso equilíbrio.

Reabilite doadores furiosos e a livre iniciativa

Se toda a sua identidade tem sido baseada em cuidar dos outros, e de repente você entra no mundo da livre iniciativa, você pode, pela primeira vez em sua vida adulta, estar mentalmente deixando o seu emprego e a sua tendência de cuidar de todo mundo. Se está erguendo uma empresa alavancada que requer a capacidade de liderar uma equipe e desenvolver uma força de vendas, a fim de ser capaz de receber o pagamento por meio de múltiplos níveis de esforços das outras pessoas, isso exige que você traga muitas pessoas para o seu círculo de influências. O risco de fracassar é extremamente alto, pois muita gente foi seduzida a negociar tempo por dinheiro.

Se toda a sua identidade tem sido servir, dar e cuidar de outras pessoas, há uma grande probabilidade de você se sentir excessivamente responsável pelo sucesso da sua equipe; começará a se sentir culpado quando alguém falhar e usará essa culpa como desculpa para protelar. Quando você traz pessoas para um negócio, o sucesso delas não é sua responsabilidade. Se você assume esse papel, se sujeitará à decepção. Ficará ressentido com o fato de as pessoas que se juntaram a você terem fracassado, mesmo que esse fracasso não tenha nada a ver com você. O verdadeiro motivo de os indivíduos falharem nas livres iniciativas é que eles não tiveram tempo o suficiente para dominar as habilidades da vida, os hábitos e a mentalidade para terem sucesso.

Eles não estão prontos para o sucesso. Se você é um doador furioso em reabilitação, deve entender o seu papel como orientador de pessoas, como facilitador de transformações. A questão não é você; são eles. Você tem de reverter a situação para que possa orientar, liderar pelo exemplo, facilitar, direcionar e auxiliar as pessoas rumo ao sucesso, sabendo que o sucesso delas não tem a ver com você.

Quando se é capaz de orientar os outros, a questão não é dar e receber. É liderar pelo exemplo. Você é um exemplo sadio? Você faz o que pede que os outros façam? Se não, você caminha sem ninguém atrás. Dedique sua energia onde ela é merecida, não necessária. O tempo é o seu bem mais valioso e 80% do seu tempo deveria ser dedicado à produção. Os outros 20% do seu tempo produtivo deveria ser gasto em orientar, desenvolver, assistir e iniciar as pessoas com o pé direito.

Os doadores furiosos revertem isso de forma que 80% do seu tempo é dedicado a ajudar, resgatar e salvar. Se esse é o seu padrão, provavelmente está tão decepcionado, exausto e tão esgotado, que não tem nem uma chance remota de ter sucesso. Você deve traçar limites. Quando se trata de tempo, reconheça o quão valioso é o seu e aprenda a dizer estas três letras: não.

Chaves para se tornar um doador saudável

Se você se vê no perfil do doador furioso, há chaves específicas para abandonar essa identidade de uma vez por todas. Antes que eu as compartilhe com você, eis aqui algumas afirmações que criei para me ajudar, as quais você também pode achar valiosas.

Mais produção; menos esforço.
Mais dinheiro; menos produção.
Mais dinheiro; mais tempo para usufruí-lo.
Mais prosperidade; mais oportunidades para distribuí-la.

Aprenda a pôr limites no seu tempo, determinando o valor dele. Você pode aprender a abandonar sua tendência a doar demais e reverter seu tempo em valor. Ser um empreendedor exige que se aprenda a dedicar menos tempo a mais pessoas. Se quer criar mais tempo por meio de seu serviço, você deve aprender como servir mais indivíduos mais depressa e o jeito de conseguir isso é não perder tanto tempo cuidando de todo mundo.

Quando comecei a erguer organizações de grandes vendas pelo mundo todo, aprendi rapidamente que não ia poder cuidar de todo mundo. Se as pessoas queriam o meu tempo, só me restava dar um valor a ele. Se deixasse os outros determinarem o valor do meu tempo, eles tomariam meu dia inteiro. Aprenda a pôr limites no seu tempo. Ensine as pessoas a conversar com você. Avise as pessoas antecipadamente sobre quanto tempo dispõe. "Ei, Jim. Estou indo fazer uma ligação. Como posso ajudá-lo em dois minutos?"

Quando alguém começar uma verborragia, você tem de ser capaz de interrompê-lo diplomaticamente. Você pode fazer isso usando o primeiro nome da pessoa. "Steve. Steve." "Steve, especificamente, com o que posso ajudá-lo em dois minutos?" "Steve, estou prestes a entrar em uma reunião." Se o Steve começar a contar uma história, você pode dizer: "Steve, você tem alguma pergunta?". Respondo perguntas em grandes eventos o tempo todo e invariavelmente as pessoas querem contar alguma história. Se você é um doador furioso, deve aprender a ter empatia e não só simpatia. Simpatia é quando se toma as dores do outro. Empatia é quando se sente a dor do outro, a ameniza e o ajuda a chegar a algum resultado.

Saiba a diferença entre prioridades e demandas. Prioridades são os eventos e situações pessoalmente importantes para você, e que somente você pode efetuar. Prioridades são pessoais. Demandas, por outro lado, são eventos e situações importantes para a outra pessoa, mas que tomam o seu tempo.

Monitore quanto tempo você leva para concluir projetos. Você analisa em demasia? Superestima? Exagera e perde tempo demais tentando ser perfeito e isso o leva à procrastinação? Relembre situações e ocasiões em que realmente quis experimentar, mas não conseguiu por causa da sua culpa em relação à descontração e alegria. Separe um tempo para apreciar as pequenas coisas da vida.

Em vez de ser producente, seja descontraído. Seja um producente descontraído. Durante este ano, planeje uma viagem de pelo menos três dias. Tire pequenas folgas. No lugar de se deixar consumir pela produção, concentre-se nos resultados e no tempo necessário para atingi-los. Desenvolva a capacidade para produzir mais com menos esforço e então passe esse tempo valioso com as pessoas que você ama, aquelas que realmente merecem sentir o seu calor. Aprenda a colocar a mesma energia que coloca em servir, doar e produzir para relaxar, pois sem dúvida você merece ser recompensado.

Dê-se o luxo e a oportunidade de criar novas experiências. Vá a mais convenções. Vá a um show. Visite um museu. Compre um DVD de algum filme – e assista. Tenha um novo hobby. Saia de férias. Passeie mais com seu cachorro. Passe mais tempo com as pessoas que ama.

Antes de ir para o próximo capítulo, pegue o telefone e ligue para alguém com quem você não fala há muito tempo. Mande um e-mail para alguém. Escreva uma carta. Procure alguém no Facebook ou no Twitter. E, o mais importante, curta o tempo consigo mesmo. Viva no presente e liberte-se. Creia em algo, independentemente da religião. Você merece deixar os outros servirem-no e produzirem para você do mesmo modo que os serviu e produziu para eles.

Preencha esta lista de "coisas a fazer" para si mesmo, para começar.

Coisas a fazer para MIM

1. ____________________

2. ____________________

3. ____________________

4. ____________________

5. ____________________

6. ____________________

7. ____________________

8. ____________________

9. ____________________

10. ____________________

PARTE 3

Mudança de vida

Capítulo 8
O PROCESSO DE REABILITAÇÃO

Até agora nós já vimos os seis tipos de procrastinadores, identificamos o que causa o adiamento e falamos rapidamente de algumas maneiras de vencer isso. Neste capítulo, exploraremos mais a fundo como se libertar, se transformar e se tornar verdadeiramente um procrastinador em reabilitação.

Identifique os seus pontos de procrastinação

A procrastinação é a sua identidade apenas se você continua repetindo isso para si mesmo. A identidade de procrastinador concede a justificativa, a validação e a desculpa de que você precisa para ficar inerte.

Porém, se você está lendo este livro, é alguém que decidiu passar de postergador a um procrastinador em reabilitação. Parabéns! Assim como um programa de 12 etapas, há múltiplas etapas envolvidas na libertação desse adiamento. Tudo começa com comprometimento e decisão – e, o mais importante, percepção. E exige saber lidar com as áreas em que você adia. Lembre-se, você adia para: (a) controlar uma situação e (b) se rebelar contra uma situação.

Esse é um processo de reabilitação. Não acontecerá da noite para o dia. Você passará por altos e baixos, mas não desista e faça o seu melhor para ser objetivo enquanto você passa pelo processo. Procure continuamente a melhoria e lembre-se de olhar para o panorama geral.

O primeiro passo é admitir que você tem um problema com o adiamento. O primeiro passo é dizer: "Eu sou um procrastinador em reabilitação". Com essa compreensão, você pode começar a abordar a causa.

O segundo passo é ter consciência do motivo pelo qual você posterga. Isso começa quando se surpreende em situação nas quais você tem tendência a protelar. Isso permite que primeiro tenha consciência e depois neutralize os sentimentos que o levam à procrastinação. E então é possível passar da intenção para o compromisso.

Vença a opressão

Um fator que contribui muito para o adiamento é a sobrecarga. Como vencer isso? Você passa da negação para a percepção. Negação é colocar a culpa em outra pessoa. Comece – apenas comece – a organizar um canto da sua vida por vez. Isso não pode ser feito da noite para o dia. Você deve ir aos poucos, um bocado por vez – do contrário ficará sobrecarregado. Comece a assumir responsabilidade pelo que você faz e por que faz, em vez de validar e justificar sua postergação e os problemas que ela causa. Para mudar, deixe de adiar as coisas como acontece com frequência.

Quanto mais entende a razão de fazer o que faz, mais oportunidade terá de neutralizar os sentimentos que levam à negação. Negação leva à decepção, decepção leva à culpa e vergonha e todos esses são componentes da procrastinação. O adiamento sempre começa nos seus pensamentos e sentimentos e então se manifesta na sua voz interior.

Oriente-se para a ação

Recentemente, quando estava me preparando para embarcar no avião para Atlanta, encontrei uma aeromoça excepcional. Um passageiro havia esquecido uma mala no avião. O agente do portão de embarque estava criando um grande caso da situação, contrariando o passageiro. Ele continuou a dizer ao passageiro quão difícil seria recuperar a bolsa e que teria de contatar o serviço de atendimento ao cliente.

De repente, a aeromoça que estava escalada para estar a bordo no meu voo perguntou ao passageiro qual era a situação. Então ela disse calmamente: "Eu vou buscar". E foi exatamente o que fez. Ela entrou no avião e, alguns minutos depois, voltou com a mala. A essa altura, havia uma grande probabilidade de que o agente do portão de embarque atrasasse o voo inteiro porque tinha de estar certo; ele estava mais preocupado em contrariar o passageiro do que oferecer uma solução.

Naquele voo, continuei a observar o modo como aquela aeromoça operava. Ela era orientada para a ação. Descobri que foi uma investidora imobiliária desde 1993 e o único motivo de ser aeromoça eram os benefícios da viagem. Durante sua carreira de tempo integral como investidora imobiliária, também teve uma carreira de tempo integral durante 30 anos como aeromoça. Eis alguém que produz e não que posterga.

Havia outra aeromoça a bordo que era completamente o oposto. Nós começamos a conversar e ela perguntou algumas coisas sobre o meu treinamento. Quando falei sobre o investimento que faria nela mesma ao me contratar como treinador, ela respondeu: "Ah, nossa, não acredito como você é caro". Essa era a voz interior dela. Isso ilustra a diferença entre um producente e um protelador. Postergadores procuram um motivo para não fazer; producentes procuram um motivo para fazer.

Para deixar de adiar, deve-se viver no momento. Deve-se estar no presente. O momento da sua vida é o agora. Desenvolva uma percepção de tempo – aprenda a dispor de tempo, alavancar tempo, criar e usar o tempo. Torne-se orientado para a ação. Provoque mudanças porque você quer mudar, não porque está sendo forçado ou ameaçado. Comece a sentir esse sabor, essa energia de dentro; reconheça que está começando a se sentir diferente. Comece a sentir a eletricidade. Você está começando a sentir um novo senso de propósito, de pertencimento. Está começando a se sentir conectado. E o mais importante, você está começando a operar em um nível espiritual. Está aprendendo a se libertar e a aceitar suas crenças. Você está vivendo no espaço chamado "inteligência infinita". Está começando a dizer "eu sou", começando a fazer afirmações como "Agora que sou adulto, sinto-me à vontade para receber dinheiro. Agora que sou adulto, sinto-me à vontade para ser a pessoa que sempre mereci ser". Você descobrirá que, assim que começar a operar nesse espaço, a postergação não será nem um pouco prevalente.

Viva na solução

A procrastinação é baseada em controlar um resultado ilusório. Você erroneamente tenta controlar os resultados que não pode controlar e esse é o motivo que o leva a adiar. No entanto, podemos controlar a decepção, podemos controlar e não fracassar. Podemos controlar as conversas que nunca temos. Podemos controlar o impulso de estarmos sempre certos. Porém, o controle sempre leva à decepção. Leva à dor do arrependimento.

Passar pela vida na pontinha nos pés e chegar são e salvo ao seu túmulo não o levará à Terra Prometida. Você deve mudar; deve criar um começo. Muitos empreendedores de primeira viagem enfrentam esse dilema ao tentar mudar de vocação, o que geralmente representa mudar de identidade. É comum que os postergadores comecem muito cedo em sua carreira empresarial, pois o lado esquerdo do cérebro se manifesta dizendo: "Tenho de me preparar para estar pronto. Tenho de deixar tudo pronto". Isso pode se estender por dias, semanas, meses e até anos.

Você não pode conseguir resultados sem ação. Não pode conseguir resultados sem produção. Ainda assim, não pode conseguir resultados sem entrar no jogo. Se ficar sentado no banco, tudo o que colherá serão farpas e decepção.

Para vencer esse adiamento, você deve ter uma percepção forte e um motivo ainda mais forte para mudar. Você tem capacidade de se transformar e mudar, mas deve ter motivos maiores que os seus problemas. Se notar o quão sobrecarregado está, continuará a experimentar a sobrecarga. Porém, se você olhar em volta e notar a bagunça, o caos, o drama, a dívida – o quer for – e decidir encontrar uma solução, vencerá o que for. Vencedores sempre encontram uma saída. Pessoas comuns sempre encontram uma desculpa.

Espero que, nestas páginas, você possa sentir a energia irradiando através de mim, pois coloco muita paixão ao ajudar as pessoas a se libertarem do adiamento. A procrastinação é a ladra da nossa sociedade; é a ladra da nossa economia. É por causa dela que as pessoas vão à falência. Muitas pessoas devolvem a própria casa ao banco porque, honestamente, escolhem o caminho mais fácil. Elas encontram maneiras de viver com o problema ao invés de viver com a solução.

Escute suas palavras

Quanto mais você se surpreende usando palavras de hesitação e indecisão, maior a probabilidade de mudar. Esse tipo de percepção acelera o processo. Isso exige atenção aos detalhes: prestar atenção a suas palavras, ações, pensamentos e sentimentos. Transforme-se em um grande questionador. No meu site, ofereço um box com dez CDs chamado *The Psychology of Asking* (A psicologia do questionamento), que trata de como fazer perguntas melhores e mais importantes.

Quanto à postergação, comece a se perguntar:

> Por que estou adiando?

> Por que evitei a dor percebida?

> Por que disse que ia fazer isso e aquilo, e no final não fiz nada?

Quando chegar a esse estágio, talvez haja um conflito emocional. Sua velha voz interior tentará levá-lo a procrastinar porque esta é uma identidade familiar, aquela que o afastará da dor percebida. Uma vez que se compromete, decide e determina que não se negará, a competição começa, principalmente no começo da jornada.

Essa é uma mudança que ocorre um dia por vez. Se você tenta mudar tudo de uma só vez, ficará sobrecarregado, se fechará e voltará a protelar.

Eu recomendo que você leia *O poder do agora*, de Eckhart Tolle. Esse livro entra em ótimos detalhes quanto ao ego, ao lado esquerdo do cérebro, ao corpo de dor, à percepção de dor ou prazer. Percorremos grandes distâncias para evitar a dor, mesmo que essa dor seja uma ilusão.

A dor e a paralisia do arrependimento

Você vai recair de volta ao familiar se não tiver a percepção do motivo pelo qual faz o que faz. Não seja tão duro ou crítico consigo mesmo – nunca esqueça que é humano. Você precisa de paz e aprovação, não condenação e julgamento. Dê-se crédito por algumas vitórias.

Quanto a se libertar da postergação, a maior paralisia é o arrependimento. O arrependimento é doloroso porque desperdiça seu tempo e esgota sua energia repassando o passado ao invés de viver no presente, viver na solução. É uma perda de tempo e energia fixar-se em relacionamentos, empregos, carreiras, pessoas e acontecimentos passados.

Ao focar no arrependimento, você evita a mudança de hábitos e de padrões. O arrependimento é fácil, é familiar. O arrependimento pode se tornar uma identidade.

A transformação, por outro lado, é desafiadora. A parte mais difícil é a libertação inicial do controle. O arrependimento é o luto por uma perda; é se agarrar ao passado. A dor do arrependimento é debilitante. Quando você se liberta do passado e vive no presente, consegue mudar suas percepções e seus sentimentos sobre um acontecimento passado. Não deixe seus arrependimentos se tornarem sua desculpa para continuar a adiar. Espiritualmente iluminadas, as pessoas prósperas não ficam presas ao passado, continuando a repetir o que lhes dá arrependimento. Estude seus arrependimentos e comece a perceber o retorno negativo que receberia vivendo com eles.

Pergunte-se "Qual é o meu retorno?". O retorno é que você está com raiva, ressentido e inerte. Você está decepcionado. Sente-se inferiorizado e acaba sendo a vítima. Você pode justificar a razão de não ser bem-sucedido.

Talvez esteja passando por um trauma físico ou emocional. Se você se culpa por aquilo que não tem controle, continuará a atrair situações para satisfazer esses sentimentos. Em vez de se concentrar no que aconteceu, pense no que esse acontecimento pode fazer por você hoje. Ele pode lhe permitir ser a pessoa que está destinada a ser. Uma situação adversa pode ser uma grande parte da sua história, que pode impactar e inspirar os outros.

Ligue os pontos

Olhe para alguns dos seus acontecimentos passados e veja se consegue ligar os pontos que explicam por que você adia. Por exemplo, muitas pessoas delongam porque ficam ansiosas em dizer a coisa errada. Qual é a causa emocional por trás disso? Muitas vezes, tem algo a ver com nossos pais, ou talvez com um professor. Talvez houvesse alguém por perto para nos dar uma lição, para nos julgar, nos castigar, nos traumatizar, ou para nos debochar. Assim, temos ansiedade quanto às palavras que dizemos. Por medo de cometer um erro, medimos nossas palavras, ou acabamos não fazendo nada. Passei muitos anos da vida vivendo dentro da minha cabeça, tentando vencer todos os acontecimentos que me sucediam.

Motivos para ser bem-sucedido

Crie alguns motivos para ser bem-sucedido, para se libertar da postergação, para abandonar a negação, para ser merecedor de uma renda de seis dígitos, de sete dígitos, para se tornar uma pessoa de influência, para se tornar um procrastinador em reabilitação. Esses motivos exigem alguma clareza; apenas dizer "Liberdade – eu quero liberdade" não basta. Seus motivos devem carregar paixão, energia e vigor. Quer que os outros sintam isso em você. Porque, se eles sentem a sua carência, a sua necessidade, ou a sua consciência da penúria, eles farão tudo o que depender deles para ficarem longe de você. Somos atraídos por pessoas que transmitem influência e riqueza. Queremos estar rodeados de pessoas com alegria e paz, pessoas com integridade, pessoas cujas palavras tenham valor. Isso requer um método diário de operação, a definição clara de objetivos e um plano para entrar no jogo.

Tenha consciência de suas ações e palavras

Crie afirmações que descrevam quem você é e quem está se tornando, agora que é um procrastinador em reabilitação.

"Sou o líder que as pessoas procuram."
"Estou abandonando o adiamento um dia por vez."
"Vou isolar a minha postergação à causa que cria o efeito."
"Não estou mais delongando."
"Estou abandonando minha protelação."
"A procrastinação não é mais minha identidade."

As palavras são o começo, mas as ações devem ser coerentes. Aprenda a quebrar o tempo em frações de aproveitamento. É vantajoso fazer algumas anotações, ter um método segundo o qual operar diariamente. Não precisa ser complicado, ou ser um regime rígido, mas deve haver alguma ordem no caos. Desenvolva uma consciência para a realização e para a decisão. Seja orientado para a produção.

A maioria dos procrastinadores é desistente. A maioria não termina seus projetos. Eles podem começar, mas não se dedicam. Eles se preparam para estarem prontos. Como um procrastinador em reabilitação, você pode desenvolver a capacidade de delegar a si mesmo. Desenvolva a habilidade de isolar os problemas e viver as soluções. Um exemplo é se comprometer a completar seu retorno de impostos a tempo este ano. Torne-se consciente do tempo.

Desenvolva uma nova identidade

Respire fundo agora. Comece a se ver como um producente, um empresário altamente producente, um vendedor altamente producente, uma pessoa altamente producente, uma alma tendo uma experiência humana, e uma pessoa que experimenta paz e alegria.

Você é uma pessoa que faz o que se dispõe a fazer. É alguém com quem as outras pessoas contam, mas elas não o usam – o recompensam. Você se tornou uma pessoa de influência que os outros veem como um mentor, um produtor, alguém que não mais é um postergador. Você é um escritor, um orador, um líder de homens e mulheres, e até está orientando crianças. Você é um líder e está treinando líderes, não é mais um procrastinador – esta não é mais a sua identidade.

Agora você vive em um lugar com bem pouca bagunça. Não só consegue parar seu carro na garagem, tem vários carros na garagem. Você tem um hangar para seu avião e seu helicóptero. Tem vários códigos postais como residência, porque é um procrastinador em reabilitação.

Você é producente e seus hábitos são baseados na solução e na produção. As pessoas o veem como perito da transformação. Quando se olha no espelho, não se enxerga mais como um perdedor. Você não se enxerga mais como postergador, como alguém que não consegue terminar nada. Em vez de dormir demais, você acorda cedo e se sente revigorado ao invés de esgotado. É alguém que atinge seus objetivos. Você se tornou alguém que realiza.

Conforme aprende a se libertar, passa a se ofender menos e não se magoa com facilidade. As pessoas não o chateiam. Você não perde a cabeça. Não fica ressentido com as pessoas da maneira que ficava. Aprendeu agora a deixar os outros estarem certos para que você seja rico, não se agarra às situações. Você não dá justificativas: vive no presente.

Como se pode conquistar tudo isso? Você começa. Começa nesse instante, demolindo suas áreas de adiamento e decidindo que em pequenas frações de aproveitamento se tornará orientado para a conquista.

Não trace objetivos tão grandiosos que lhe darão um motivo para procrastinar. Isso é algo que vejo com frequência:

"Qual é o seu objetivo financeiro deste ano?"

"Quinhentos mil dólares."

"Que ótimo. E mil dólares você já conseguiu como empreendedor?"

"Bem, não."

Não trace objetivos tão grandiosos que não lhe permitam nem começar. Trace objetivos menores. Uma palavra-chave que deve entrar no seu vocabulário é "consistência". "Eu produzo consistentemente." "Eu sou consistente." "Eu sou metódico."

Desenvolva grandes hábitos não apenas em relação à produção, como também em relação à descontração, à alimentação e ao descanso. Sucesso é equilíbrio.

Principais áreas de mudança

Nós vimos os seis tipos de procrastinadores. Agora, à medida que você aprende a abandonar o adiamento, vamos ver as seis áreas principais de mudança: vícios, bagunça, um novo empreendimento, saúde e boa forma, relacionamentos e espiritualidade.

1 **Vícios**

"Eu prometo, eu vou parar." "Prometo que vou começar um regime." "Prometo que vou parar de fumar." "Prometo que vou parar de comer tanto." "Eu vou definitivamente saldar meu cartão de crédito. Vou fazer isso hoje." "Bem, hoje não posso; estou ocupado. Mas vou amanhã com certeza." Essa é a linguagem do vício.

Os vícios acabam se manifestando fisicamente, mas todos começam na esfera emocional. Quais vícios o deixa fazendo sempre a mesma coisa, vivendo em negação, vivendo na consciência da penúria?

2. **Bagunça**

Você vive em desordem? Sua mesa, sua garagem ou seu armário estão amontoados? E quanto aos seus orçamentos, suas finanças? Você é organizado? Algumas áreas da sua vida são um aglomerado de bagunça? A sua casa é um labirinto de caos? Você está ocupado demais que não pode começar? Crie uma lista de três situações na sua vida em que a desordem não o ajuda em nada. Do lado de cada uma, coloque uma data para resolver a situação. Respire fundo e faça esse exercício sem julgamentos ou negativismos. É assim que se começa a abrir uma janela para olhar dentro de sua alma como um procrastinador em reabilitação.

3. **Um novo empreendimento**

Você enfrenta desafios para vender, fechar um negócio, fazer acompanhamentos, desenvolver uma equipe e com o marketing? Embora possa estar sonhando com o sucesso de um novo empreendimento, o que você está transmitindo é "Eu sou um nobre batalhador. Sou louco por batalhas". Ao invés de focar em todas as áreas em que precisa melhorar, use esse tempo para reconhecer o que já faz bem. "Eu sou bom em ______________." "Meus pontos fortes são ________________." Ótimo! Agora, como essas habilidades e vantagens podem ser aplicadas no seu empreendimento?

Você tem uma vida inteira de desenvolvimento à sua frente! Grandes producentes usam seus pontos fortes para criar resultados enquanto desenvolvem as outras áreas da própria vida que precisam de atenção e melhoria.

4. **Saúde e boa forma**

   Dê uma olhada em seu físico. Você está vivendo com o corpo que merece? Você está carregando peso extra? Se sim, isso é cansativo. Imagine-se usando um cinto com dois galões de água presos o dia inteiro – como esse peso extra impediria o seu progresso? O que esse peso extra representa? Quais emoções de acontecimentos passados você está carregando que não o ajudam em nada? Do que abrirá mão hoje para seguir com uma carga mais leve emocional e fisicamente? Você tem grandes sonhos, não tem? Você merece o corpo emocional e físico que o ajudará a alcançar esses sonhos. Não sabe como começar? Fale comigo e eu o colocarei em contato com ótimos recursos que o assistirão em sua transformação!

5. **Relacionamentos**

   Você tem problemas de intimidade por causa da sua raiva ou porque acha que não é merecedor? Você tem ressentimento? Tem sentimentos de ódio originados em situações passadas de abandono? Você tem dificuldades com relacionamentos porque sente que não é bom o bastante, ou porque foi violado, magoado, negligenciado, ou abusado?

   Você tem dificuldades em dedicar tempo a seus relacionamentos íntimos? Adia para tirar férias, ou tirar uma folga? Você produz tanto que não consegue ter um tempo para ir jantar? O seu tempo todo é dedicado ao sucesso, a ponto de não sobrar nada para o romance?

   Eu descobri na minha jornada que as verdadeiras riquezas estavam nos relacionamentos que construí e desenvolvi com o tempo. No próximo ano, viva de forma que você fique orgulhoso aos 80, 90 ou 100 anos; aprenda a celebrar a alegria de viver assim como a alegria de conquistar.

6. Espiritualidade

E o seu relacionamento com você? Com uma religião? Você separa um tempo para meditar? Você tem um tempo sozinho? Você tem noites tranquilas de sono? Você tem crenças espirituais? Você sabe das leis universais? Você precisa, no mínimo, da mesma quantidade de atenção que a sua conta bancária. De fato, para muitos de nós, nossas contas bancárias se tornam um reflexo do nosso eu espiritual. Dedique todo dia um pouco de energia em se tornar a pessoa que você procuraria como mentor. Você verá que, quando estiver disposto a seguir os próprios passos na jornada da vida, naturalmente exercerá uma atração sobre os outros.

Torne-se um estudante do desenvolvimento pessoal

Se você está determinado a mudar, deve ser um estudante da mudança. Comece a entender o valor do desenvolvimento pessoal e do autoaperfeiçoamento. Pare de falar sobre isso da boca para fora. Pare de apenas dissecar os livros e empregue uma aplicação prática do que lê. É impossível olhar um livro e absorver todo o seu conteúdo por osmose.

Há pouco tempo eu disse à minha esposa que quando comecei meu primeiro programa de 12 etapas, não sabia nada sobre desenvolvimento pessoal. Ela me olhou escandalizada e disse: "Você? Você, o sr. Desenvolvimento Pessoal, não sabia nada sobre isso?". Eu comecei a minha jornada espiritual aos 32 anos.

Um ótimo livro de Louise Hay, *Você pode curar sua vida*, me foi recomendado em 1988, mas novamente nunca o li. Ele acumulou poeira na minha estante durante anos. E então ganhei de presente *A trilha menos percorrida*, de Scott Peck. Em seguida, comprei meu primeiro livro do Tony Robbins. Depois disso, tive a oportunidade de conhecer Jim Rohn, o pai do desenvolvimento pessoal e do autoaperfeiçoamento. Senti-me abençoado por dividir o palco com ele em cinco ocasiões e o chamei para palestrar em quatro eventos meus.

Se tivesse adiado conhecer Jim Rohn, nunca seria a pessoa que sou hoje. Houve um momento em que pensei: "Ele nunca vai apertar a minha mão. Eu nunca conseguirei enfrentar essa plateia". Porém, os vencedores sempre encontram uma saída, e um senso de propósito maior que si recaiu sobre mim e eu consegui tirar uma foto com o grande Jim Rohn. Esse foi um grande ponto de reviravolta na minha vida, pois naquele dia eu disse: "Um dia vou dividir o palco com Jim Rohn". E exatamente 15 anos depois eu consegui.

Veja, sonhos se realizam, mas você deve acreditar na beleza dos seus sonhos. Você tem de entrar no jogo. E tem de jogar o jogo. Você tem de abandonar a procrastinação. Não precisa produzir em 99% do tempo; se conseguir produzir entre 50% e 85% do seu tempo, sua transformação começará.

Paciência é uma das melhores palavras que se pode incluir no vocabulário. Se você não tem paciência, desenvolva-a. Você não pode comprá-la e não pode pegá-la emprestado. É algo que se desenvolve. Durante o processo, desenvolverá a sua história única. No entanto, você não contará a sua história se adiar. Você quer contar sua história de vitória, sua história de superação dos desafios, de superação das adversidades. As pessoas adoram histórias. Que tal a história de uma mãe solteira, com três filhos pequenos, que não se rendeu às próprias desculpas, ou a história de alguém que está afundado em dívidas e que, no lugar de fazer o que os outros fazem e pedir a falência, teve a coragem, e o estômago, de assumir o desafio e saldar 250 mil dólares de dívida não garantida? Essas histórias têm uma importância – elas têm significado.

Se você continuar a delongar, será apenas mais uma vítima passando pela vida na ponta dos pés, vivendo com a dor do arrependimento, e chegando sã e salva ao seu túmulo. Você merece viver a vida boa, e para viver a vida boa é necessário paixão, dignidade e clareza.

Coragem é uma qualidade que nunca sai de moda; há sempre mercado para ela. Além disso, você deve ter inspiração, não motivação. Segunda-feira de manhã, você tem de estar inspirado. Isso significa ter motivos maiores que os seus problemas. Nada vencerá a postergação como ter um sonho. Nada vencerá a procrastinação como encontrar um propósito maior que você mesmo.

Deixe-me explicar uma coisa: "propósito" não significa necessariamente propósito de vida. "Propósito" pode ser um propósito diário. "Propósito" não precisa ser um propósito filantrópico extraordinário, com o qual você mudará o mundo. Quando você faz uma ligação de negócios, qual é o propósito da ligação? Eu sempre digo "Meu nome é Jeffery Combs. Recebi seu nome e número de __________," e digo o propósito da minha ligação. Veja, tenho um propósito. Se você não tem um propósito, acabará preenchendo o propósito de outra pessoa em uma carreira que chamará de emprego. Trocar tempo por dinheiro nunca o levará à sua Terra Prometida.

Viva o princípio da livre iniciativa

A livre iniciativa foi o que o levou a ler este livro. Em seu coração, você sabe que é um empreendedor. Sabe que não há limites na iniciativa livre, a não ser os limites que você mesmo coloca. À medida que você aprende a abandonar seus pensamentos limitadores, entrará na "zona sem limites". Nesse espaço não há adiamento, pois você estará vivendo a vida da forma como ela deve ser vivida – amando as pessoas, amando Deus, amando o que você faz e, o mais importante, amando a si mesmo. Chamo isso de "Os Quatro As". Quando você está vivendo Os Quatros As, não tem tempo para adiar. Você tem metas e objetivos, então não protela porque isso lhe custa muito dinheiro. O motivo de eu nunca ficar doente é que não posso arcar com isso. O motivo de eu raramente ser a vítima é que passei muito tempo da minha vida assim.

Dê uma olhada em quanto tempo você já dedicou ao adiamento. Não é hora de deixar isso para trás? Não é hora de entrar no jogo? Não é hora de descobrir o seu propósito? Não é hora de se tornar a pessoa que você sempre mereceu ser? Não é hora de viver a vida boa? Não é hora de seguir adiante? Não é hora de ser producente? Já é a hora, porque hoje você é um procrastinador em reabilitação.

Capítulo 9
OS SETE HÁBITOS DO PROCRASTINADOR EM REABILITAÇÃO

Desenvolvi sete hábitos que o permitirão viver no presente, ser bem mais produtivo e eliminar a postergação que não o ajuda em nada.

Hábito 1 – Organize-se dentro do tempo

Este primeiro hábito envolve o trabalho com períodos de tempo. Para ser um procrastinador em reabilitação, é preciso desenvolver um senso maior de tempo – uma hora, um dia, uma semana, um mês, um trimestre, um ano. Isso é dividir o tempo em períodos de tempo gerenciáveis.

Se você tem uma ocupação em tempo integral, uma família, um companheiro, animais de estimação, compromissos espirituais, ou filhos, há uma grande chance de estar sobrecarregado. E se você está sobrecarregado emocionalmente, há uma grande probabilidade de que isso se manifeste com o adiamento. Para eliminar esse estado, é importante que saiba o que o causa.

A causa da sobrecarga que cria o efeito da procrastinação é uma questão de diversas camadas, mas, no geral, o motivo pelo qual ficamos sobrecarregados é que nosso corpo entra no modo lutar ou fugir quando ficamos expostos a tantas demandas. Há caos no mundo, o mundo irá se voluntariar de bom grado para afundá-lo nele. Você deve criar ordem em frações de aproveitamento do tempo.

O conceito de "gerenciamento de tempo" é impróprio. O importante é que domine suas emoções. Você quer ser capaz de se gerenciar em frações de tempo. Quer viver mais no presente, sem ser tão rigoroso quanto ao tempo. Você quer não ter de sempre olhar as horas. Faça do tempo o seu aliado, não seu inimigo.

Eis uma maneira muito simples de mudar toda a sua perspectiva de tempo: divida o tempo em frações de 15 minutos. Comece a praticar isso; veja o que realiza em 15 minutos. Escolha uma área da vida na qual há desordem. A desordem representa o estado sobrecarregado.

Em 15 minutos, se você for eficiente, consegue fazer muito. Seja um armário, uma bancada de trabalho, uma mesa, uma geladeira, um gabinete, respire fundo, pegue um saco grande de lixo e jogue fora tudo que puder jogar nesses 15 minutos. Organize tudo que puder organizar nesses 15 minutos.

Só não faça isso de modo frenético, porque, então, ficará sobrecarregado com isso. Conforme fizer esse exercício, faça o seu melhor para não deixar a antiga voz do passado aparecer e interromper o seu presente, dizendo: "Ah, isso é enorme. Para quê? Eu nunca vou conseguir arrumar tudo".

Você percebe que, durante um evento esportivo, um jogo inteiro pode mudar nos últimos 15 minutos? Houve times que cobriram uma desvantagem de 20 pontos em 15 minutos de partida. Quinze minutos é um período longo de tempo quando mensurado, avaliado e revertido para energia produtiva.

O próximo passo é pegar uma hora. O que você consegue realizar em uma hora? Olhe para a garagem. Olhe o desastre em que ela se encontra. Olhe para seus impostos. Olhe para suas gavetas. Olhe para o armário. Olhe para qualquer situação em que esteja sobrecarregado. Normalmente, quando estamos sobrecarregados, nossos ombros se arqueiam e nosso pescoço afunda em nosso corpo. Rangemos os dentes; nos fechamos, nos cansamos, nos deitamos – francamente, estamos para baixo porque não temos autoestima. Sentir-se sobrecarregado é um sentimento de impotência e, para vencer essa situação, você deve aprender a dividir o tempo em frações realistas que meçam a produção.

Se quer conquistar mais, você deve ser mais. Sua voz interior o levará ou para produção, ou para a pobreza – você escolhe. Uma o recompensará e a outra o levará ao arrependimento. Qual você escolherá? A resposta é óbvia. Para se tornar um procrastinador em reabilitação, você deve dar um valor diferente ao tempo.

A cada dia, quando seus olhos se viram e abrem, você recebe um novo dom chamado tempo – 24 horas, 86.400 segundos. Imagine se ganhasse 86.400 dólares todo dia e tivesse de gastar cada centavo – gastar, colaborar, dar para a caridade, aproveitar – mas você não teria nada de volta. Provavelmente se entediaria em algum momento, mas seria muito divertido se desse o seu melhor.

Então, quando se trata de tempo, mude a perspectiva. Comece a valorizar o tempo. Pegue o tempo de áreas que não lhe fazem bem. Torne-se alguém que faça de tudo – uma alma altamente produtiva tendo uma experiência humana produtiva.

Hábito 2 – Defina pequenos objetivos; dê passos curtos um dia por vez

É muito comum que postergadores definam objetivos muito grandes. Eles vão fazer meio milhão de dólares no primeiro ano como donos de negócios. Eles vão de atores de peças de escola para ganhadores de Oscar. O que acontece normalmente é eles implodirem emocionalmente por ficarem sobrecarregados. Esses sentimentos de opressão geram culpa, vergonha, ressentimento e decepção, que esgotam a energia emocional necessária para seguir em frente rumo a um objetivo.

Em relação à definição de um objetivo, o verdadeiro valor do objetivo é alcançá-lo. Os objetivos que você tem são os objetivos que realiza. Os objetivos que se permite aproveitar são os que lhe dão um senso de propósito, um senso de orgulho.

Os objetivos que a maioria das pessoas não conquistam são aqueles que levam ao arrependimento. "Eu vou tentar e traçar esse objetivo, mas essas coisas não acontecem comigo." "Eu vou dar uma chance; vou tentar." "Espero que dê certo." Com essa postura, você vai acabar estragando tudo antes mesmo do começo. Se você não tem um objetivo claramente definido, há uma grande chance de nunca alcançá-lo.

Alguns objetivos devem ser espirituais. Quando você tem esse sentimento espiritual, essa inspiração interna, esse tipo de conexão, não será negado. No entanto, ao invés de definir objetivos grandiosos, pense "realista" – pense "objetivo". Faça planos para conquistar seus objetivos; planeje realizá-los. Não deixe nenhuma margem para um grande erro ao definir um objetivo. Por isso, meu conselho não é que você defina um objetivo tão grande que não possa atingi-lo, porque tudo o que fará é se expor à decepção... e ao adiamento.

Muitos oradores, autores e escritores têm suas próprias variações quanto à definição de objetivos. Eis a minha versão: "Não defina tantos objetivos a ponto de perder de vista os mais importantes". Já ouvi oradores falarem: "Escreva cem objetivos em um papel e quando realizá-los escreva mais cem". Há certo mérito em um exercício assim, mas, na realidade, uma grande parte da população não consegue nem traçar os cem primeiros e eles raramente os conquistam porque são viciados na decepção.

A decepção sempre leva a algum nível de postergação. A postergação nos faz sentir mal, o que nos leva à mais decepção – por isso o termo "viciado em um sentimento". Para realizar objetivos, é preciso que seja realista.

Um de meus clientes, que está em um negócio de vendas diretas, definiu um objetivo de inscrever 30 pessoas em um mês. Isso seria uma dificuldade até para alguém famoso, mas para ela, mesmo sendo uma mulher brilhante e articulada, as chances eram quase nulas. Antes de definir esse objetivo, ela nunca tinha inscrito mais que um bocado de pessoas ou fechado mais que algumas de vendas no mês.

Perguntei o que a havia inspirado a traçar um objetivo como esse: "Bem, vejo todo mundo em meu círculo de influência produzindo números enormes. Se eu não consigo, então sou uma fracassada".

Eu disse: "Na verdade você não é uma fracassada. Primeiro, nunca se compare a outra pessoa ao definir um objetivo. Você não faz ideia de onde aquela pessoa esteve. Você não faz ideia das habilidades dela, dos hábitos dela, ou da mentalidade dela. Além disso, só porque alguém chegou a um resultado não significa que ele ou ela continue a produzir resultados".

Há muitas pessoas que atingem grandes conquistas e que também passaram por grandes desastres, grandes sabotagens e derrotas. Não se compare a outras pessoas – não é justo com você e não é justo com elas. Reconheça-as e tenha orgulho delas, mas não fique ressentido por elas estarem atingindo alguma coisa que você não está. Se você usar isso como desculpa para procrastinar, vivendo na lei do merecimento, sentindo que é merecedor do sucesso sem precisar se submeter a um processo, então tudo o que estará fazendo será, novamente, se sujeitar ao fracasso e à decepção.

Defina pequenos objetivos. Se o seu objetivo é tornar-se milionário, antes de ser milionário você deve parar de engolir fumaça. A realidade é: ou você engole fumaça, ou se torna um milionário; você escolhe. No entanto, para se tornar milionário, você deve desenvolver os hábitos de um milionário, o que exige que seja altamente produtivo durante as horas que dedica a produzir resultados. É por isso que os pequenos objetivos são uma ótima maneira de construir uma base sólida.

Quando você atingir um objetivo, se recompense. Trataremos disso em detalhes no Hábito 6, mas sobre a conquista de objetivos (não importa o quão pequenos sejam), quando você atingir um objetivo, dê um tapinha no coração. Diga: "Eu sou suficiente. Eu sou capaz". Dê-se algum crédito pelo que conquistou. Não se julgue.

É importante que escreva os seus objetivos, mas também é essencial ter uma visão dos resultados deles. Quando você determina um objetivo, o que está fazendo de verdade é descrever o resultado. Certifique-se de rodear o seu objetivo de paixão e significado. Caso contrário, será apenas mais um objetivo comum. Como você provavelmente terá de vencer obstáculos, desafios, muros emocionais e possíveis oposições de familiares, é crucial ter energia, paixão, visão.

Hábito 3 – Efetue a tarefa

Como um procrastinador em reabilitação, você se tornou um aprendiz do desenvolvimento pessoal, do autoaperfeiçoamento e da autocapacitação. Você é um aprendiz do empreendedorismo. Torne-se um aprendiz da sua vocação; torne-se um aprendiz das suas emoções. Tenha uma noção clara de para o que você está sendo pago para fazer. Seja claro quanto à tarefa que tem em mãos. Mantenha seus objetivos claramente definidos à sua frente conforme se dedica aos próximos acontecimentos que o deixarão mais perto da realização deles.

Fracionar suas tarefas é muito eficaz. Pode ser no papel, ou apenas em pensamento. A tarefa em si é a solução e, para viver na solução, deve-se entender os componentes do seu objetivo. Você deve entender a vocação em que está operando. Muitas pessoas, quando relativamente novas em um empreendimento, não entendem bem que são pagas para conseguirem resultados. Sem entender a indústria ou seus papéis como empreendedores, elas se delongam e perdem tempo preparando para estarem prontas.

Um plano de jogo de 90 dias, com objetivos claramente articulados e um método diário de operação definirão as tarefas individuais ao longo do percurso. Você quer assumir riscos calculados; quer ter uma estratégia.

Hábito 4 – Escreva as coisas

Principalmente se você tem tendência a protelar, manter uma lista organizada o ajuda a desenvolver muito mais clareza. Muitas pessoas saem agindo como um pião, rodando por todas as direções. Elas acabam se atrasando para reuniões, se atrasam para o aeroporto, esquecem compromissos, não conseguem achar o celular em que estão todos os seus contatos, esquecem de pagar uma conta, ou experimentam inúmeras outras situações por causa da desorganização. Ser organizado é uma habilidade. Se você não é organizado, há uma grande probabilidade de estar se rebelando contra o próprio sucesso e estar no caminho para ser um procrastinador rebelde.

Ser organizado significa fazer listas. Você pode usar alguma ferramenta de planejamento, ou talvez manter um registro on-line de suas listas e compromissos. Você pode recorrer a um BlackBerry ou um iPhone, mas, não importa o que faça, organize-se. Você não pode se utilizar de um pedaço de papel. Tenha um método.

Uso um livro muito simples, preto e com espiral, que posso comprar todo ano em qualquer loja de artigos para escritório. Tenho uma pilha deles de todo ano desde 1998. Neles, divido meu tempo em horas. Acordo a determinada hora todo dia; sou uma criatura de hábitos.

Para ter sucesso em qualquer empreendimento, você deve entender os princípios do sucesso. Você deve viver as leis do sucesso. Deve desenvolver hábitos, rotinas, habilidades e uma mentalidade que lhe permita ser bem-sucedido na vocação que escolheu. Caso contrário, você se sujeitará a se transformar em um postergador.

Muitos de meus clientes me ligam para dizer que esqueceram nosso horário marcado, ou que seus computadores quebraram, ou que perderam o celular. Felizmente para eles, sou organizado. Tenho todos os meus clientes de treinamento organizados em meu calendário. Sou a favor da baixa tecnologia. Sou daquele tipo de cara antiquado. Ainda gosto do bom e velho bloco de anotações e canetas Cross. Adoro tinta preta no papel amarelo. Essa pode não ser a sua praia, mas tem de encontrar uma maneira de ser organizado. Escrever tudo é uma maneira. Você começará a viver da sua lista. Crie um sistema para manter suas listas diárias.

Atualizo minha lista antes de ir dormir. Eu a coloco no canto da minha mesa. Quando acordo, ela está lá. Deixo, no final da noite, uma série de mensagens de voz para meu assistente; isso evita a desordem, em vez de deixá-lo perdido, improvisando. Faço isso para que ele se organize. Como ele já é uma pessoa organizada, é aí que organização encontra organização.

Você deveria ter orgulho de ser organizado. Se você é viciado no adiamento, essa é definitivamente uma situação que deve abandonar.

Comece a afirmar "Eu sou organizado. É fácil organizar a minha vida". A maneira como você vive e opera no geral são diretamente proporcionais à pessoa que se tornou.

Hábito 5 – Elimine as distrações

"Você não faz ideia de como está sendo – estou educando meus filhos em casa", alguns clientes já me falaram. Eles estão certos; eu não tive filhos. No entanto, faço ideia de como é ter distrações. Muitos pais usam os filhos como desculpa para serem distraídos. Eles não têm disciplina. Eles não disciplinam os filhos. Deixam que os filhos entrem e saiam do escritório a qualquer hora, e não é assim que se administra um negócio.

Se tem muitas distrações na vida, uma grande parte do seu bem mais valioso – o tempo – está sendo tomada, roubada, tirada de você. Se não eliminar as distrações, elas se tornarão a sua identidade.

Quais são as principais distrações que nos ocorrem? Nós processamos. Não estamos realmente presentes em uma conversa. Olhamos pela janela e prestamos atenção a qualquer situação com exceção da tarefa que temos em mãos.

Quando falamos de transformação, a palavra mais poderosa da nossa língua é "sim". Sinta-se à vontade dizendo "sim". Dizer "sim" o ajudará a eliminar muitas distrações.

Você merece se livrar de toda aquela bagunça? "Sim!" Você vai à convenção da sua empresa este ano? "Bem, se nada atrapalhar, eu vou." "Hum, vou tentar." "Tá bom, vou tentar." Muitos de nós deixamos a vida entrar no caminho. Se isso vale a você, o tempo é seu inimigo ao invés de seu aliado.

Passar horas e horas on-line é uma distração enorme. O Facebook e o Twitter se tornaram grandes distrações para uma boa parte da população, tanto para homens como para mulheres. Embora a mídia social seja importante, você não quer que ela o distraia enquanto estiver produzindo. Se deixar isso o tirar do ritmo, você terá dificuldade em retomá-lo.

Eliminar as distrações lhe dará uma experiência direta da palavra "libertar-se". Quando você deixa as distrações de lado, vive no presente. Vive no momento. Você inequivocamente merece receber e está no lugar certo para isso. Distrações o roubam da sua energia, porque o roubam do seu foco. É sua responsabilidade ficar no presente e eliminar o máximo de distrações que puder. Quando se decide mudar é incrível, porque muitas pessoas em seu círculo de influência percebem. Elas podem não saber exatamente o que isso significa, mas elas definitivamente percebem e respondem de acordo. Por outro lado, se você deixa as distrações se tornarem a sua identidade, diz aos outros "Sou fácil de distrair".

Eliminar as distrações é um compromisso. É uma decisão. E é definitivamente uma habilidade que deve dominar, caso contrário, deixará o vento soprar e de repente perderá o curso. Você deve ter a habilidade de se manter em pé. Deve ter coragem e vontade. Você deve ter uma atitude. Deve se sentir à vontade com quem você é e com o que está se tornando, assim pode-se eliminar suas distrações.

Hábito 6 – Tenha a visão da recompensa

Tenha a visão da recompensa – isso faz parte do SSR: Seja Sempre Receptivo. Somos tão condicionados a doar que acabamos tendo problemas para receber. Receber é uma habilidade que definitivamente melhora suas habilidades com as pessoas em relação ao marketing e às vendas. Para ser capaz de se conectar aos outros e fechar vendas, você deve primeiro achar pessoas boas. Uma vez que as encontrar, você deve desenvolvê-las e/ou atraí-las.

A recompensa é o resultado. A recompensa é o que se ganha pelo risco. Se você nunca corre um risco, há raramente, ou nunca, uma recompensa. Aprenda a ter visão da recompensa. A recompensa é o que se enxerga no futuro. Você busca a recompensa para ter objetivos e metas maiores do que seus problemas. Além de se tornar consciente da recompensa, aprenda a se tornar consciente da produção.

Tenha foco nos resultados. Se for consciente da recompensa, certamente será recompensado. Muito na vida é um "esporte de contato" – é um esporte não físico e muitos contatos devem ser criados. Você deve aprender a conversar com as pessoas, fazer perguntas a elas, mostrar produtos e serviços, e entregar qualidade. Você deve ser capaz de receber pagamentos, porque se não acabará com uma organização sem fins lucrativos no desconforto de casa.

Se a recompensa é grande o bastante, e você tem paixão por ela, há uma grande probabilidade de que vença sua procrastinação para receber essa recompensa. E você definitivamente merece receber a recompensa!

Hábito 7 – Aprenda a habilidade da autoavaliação

O último passo para se tornar um procrastinador em reabilitação altamente eficiente é a autoavaliação. A autoavaliação significa que você é um aprendiz, um aprendiz pela vida inteira. Você pode ofender alguém, pode cometer um erro e se autossabotar, mas com a autoavaliação você pode dar uma olhada no panorama geral. Você pode olhar as situações objetivamente.

Você pode se perdoar. Pode pedir o perdão dos outros. Assim, você adquire humildade, dignidade e consegue olhar as situações como elas são, ao invés de como elas não são. Você é capaz de estar à vontade com o processo. No meio de um sentimento, consegue respirar fundo e não ter um colapso. Você passa menos tempo estando sobrecarregado. É capaz de olhar para uma situação e escolher ficar de fora ao invés de se envolver nela. Você não precisa discutir pelo prazer de discutir. Quando é capaz de se autoavaliar, você pode, com humildade, admitir quando comete um erro, sem se julgar.

A autoavaliação lhe dá a habilidade de se manter em pé, o que lhe permite permanecer no jogo. Sem a autoavaliação, há uma grande probabilidade de culpar os outros. Você apontará o dedo para alguém.

A autoavaliação permite que você seja objetivo. Ser objetivo é certamente uma recompensa. Sendo objetivo você avaliará uma situação pelo jeito que ela é ao invés de culpar alguém pelo que ela não é. Esse tipo de compreensão o ajudará a se tornar um procrastinador em reabilitação.

Se você não for honesto, viverá em negação. Um mentiroso patológico é alguém que realmente acredita nas próprias mentiras. Muitos indivíduos mentem para si mesmos em relação ao adiamento. Eles podem admitir que estão delongando, mas se recusam a olhar para a causa que cria o efeito. Sair da negação e caminhar em direção à percepção é uma experiência libertadora, pois isso o coloca em contato com um nível mais alto de consciência. Autoavaliação é a chave. Raiva, ódio, culpa, ressentimento, abandono e rejeição, o sentimento de estar oprimido – quais dessas emoções têm maior efeito em você?

A autoavaliação permite que você compreenda a causa que cria o efeito. A autoavaliação é libertadora; a negação é venenosa. Ao ser producente você será recompensado. Ser um postergador o levará para uma vida cheia de arrependimento.

Os setes passos do procrastinador em reabilitação altamente producente são a base da sua jornada da procrastinação crônica à produção de resultados que o libertação para a vida.

Primeiro, organize-se dentro do tempo. Perceba que o tempo não foge de você; você se perde em situações que o distraem e que deslocam sua atenção e foco do seu objetivo. Comece a destinar pequenas frações de tempo a se dedicar a uma tarefa e se comprometa a finalizar essa tarefa no tempo que separou para ela.

Segundo, defina pequenos objetivos que você possa realizar em um dia, uma semana, um mês, ou um trimestre.

Terceiro, pratique o desempenho das ações que o levarão a cumprir os objetivos que estabeleceu. Definir objetivos é fácil; conquistá-los também pode ser fácil, mas talvez você precise de uma mudança de perspectiva e de hábitos para essa transformação.

Quarto, mantenha uma lista organizada dos seus objetivos e responsabilidades. Marque os itens conforme forem concluídos e dê-se uma recompensa pelo trabalho bem-feito.

Quinto, faça seu melhor para eliminar as distrações durante seu tempo produtivo. Isso pode significar que você tenha de se disciplinar e disciplinar os outros ao redor à medida que muda seus hábitos.

Sexto, recompense-se por cada passo que você dá adiante, não importa quão grande ou pequeno ele pareça na ocasião. A mudança é progressiva e você tem a coragem necessária para embarcar na jornada. Merece crédito – dê-se crédito quando há crédito a ser dado!

E finalmente, seja objetivo conforme avalia seu progresso. A transformação perfeita é uma pressão imaginária que colocamos em nós mesmos. Você provavelmente vai cometer alguns erros ou recair para os velhos padrões de hábitos enquanto se empenha na mudança. A autoavaliação objetiva irá permitir que se recoloque no espaço onde está alinhado com os objetivos que definiu e os contratos que estabeleceu consigo mesmo e com os outros, e irá mantê-lo seguindo na direção para ser a pessoa produtiva e serena que você nasceu para ser.

Apêndice
O QUIZ DA PROCRASTINAÇÃO

Este apêndice traz uma série de 40 questões de verdadeiro ou falso para ajudá-lo a identificar seu atual nível de adiamento, bem como oferece um claro entendimento de quais os passos necessários para começar seu plano de reabilitação. Faça esse quiz em um ambiente tranquilo, onde possa refletir e responder as questões objetivamente. Ao final do questionário, você poderá avaliar se é um postergador ou uma pessoa producente e você poderá determinar se a sua procrastinação chega a ser crônica ou se você é um procrastinador moderado. Está pronto?

1. **Retorno minhas ligações rapidamente. V/F**
   Você leva muito tempo para retornar às pessoas, ou o faz rapidamente? Deixa suas ligações se acumularem no correio de voz, levando vários dias para retorná-las? Ou talvez nunca chegue a retorná-las. Se você realmente faz parte do jogo, é o tipo de pessoa que retorna prontamente todas as ligações.

2. **Tomo decisões de forma rápida e imediata. V/F**
   Você categoriza, hesita, medita ao tomar uma decisão? Se aflige com suas decisões? Pede a opinião de outras pessoas sobre as decisões que está prestes a tomar, ou decide rapidamente? Você logo segue adiante após tomar uma decisão? Questiona e repensa e desfaz as decisões que tomou? Você se revira à noite na cama por causa do que decidiu ou deixou de decidir?

3. **Nunca recaio sob taxas de atraso do cartão de crédito ou contas vencidas. V/F**
   Você paga suas contas de cartão de crédito a tempo, ou deixa as faturas se amontoarem em uma gaveta? Paga apenas o valor mínimo da fatura do cartão, recaindo sob taxas de juros? Você paga multas pelas contas atrasadas? Suas finanças são organizadas para que saiba quando vence uma conta?

4. **Faço minhas compras de Natal e aniversários prontamente e com antecedência. V/F**
   Você espera até o último minuto para comprar presentes, ou planeja antecipadamente os próximos acontecimentos? Opera no modo de crise? Manda cartões de Natal após a data comemorativa? Você manda cartões de aniversário atrasados ou simplesmente perde os aniversários?

5. **Quando cozinho, logo lavo a louça, ao invés de deixar que ela se acumule na pia. V/F**
   Você limpa tudo depois, ou deixa que a louça suja fique empilhada na pia e chegue a invadir a bancada? Seca suas louças e as guarda imediatamente,

ou deixa que elas sequem naturalmente na pia, deixando-as lá até a próxima vez que for usá-las?

6. **Não demoro para iniciar projetos que tenho de realizar. V/F**
Você adia seus projetos da "lista de afazeres" até que eles entrem para a "lista de não fazeres"? Espera até o fim de semana, o fim do mês, o fim do trimestre, o fim do semestre, ou o fim do ano, ou até que você não consiga mais parar seu carro dentro da garagem? Tem boas intenções no começo do sábado e de repente vê que postergou o dia inteiro? Ou você sai, inicia o projeto, finaliza o projeto e tem, assim, o dia para descansar?

7. **Pago minhas contas logo que elas chegam. V/F**
Você paga suas contas logo que elas chegam? Espera até que cheguem perto do vencimento? Elas ficam empilhadas? Você se esquece delas? Você as enfia em uma gaveta ou as perde? Tem um sistema para pagar suas contas, ou espera até o último minuto até entrar no modo crônico de crise?

8. **Não perco shows e eventos esportivos, pois sempre me lembro de comprar os ingressos com antecedência. V/F**
Você espera até o último minuto para comprar ingressos para um show ou um evento esportivo e fica decepcionado porque os melhores lugares já foram vendidos? Ou compra com antecedência, aproveitando os melhores preços e os melhores lugares?

9. **Quando há tarefas recorrentes que eu devia estar realizando (como fazer prospecção, vendas e tarefas de negócios em geral), não as evito por causa da dor percebida. V/F**
Você é capaz de fixar um prazo, mergulhar de cabeça e curtir o que faz? Ou passa o tempo evitando a dor, inventando motivos para adiar aquilo que percebe como desagradável? Você vai em frente e faz aquilo que diz que vai fazer?

10. **Marco *check-up* no dentista e consulta médica e compareço. V/F**
Você evita ir ao dentista por causa da dor percebida, adiando exames de rotina até que realmente *esteja* com dor? Faz exames físicos regularmente,

acompanha testes e seus níveis de sangue recomendados por seu médico? É proativo em relação a sua saúde, ou age em negação?

11. **Quando viajo, chego ao aeroporto bem antes do voo. Nunca me atraso e nunca perco meus voos. V/F**
Você está dentro do tempo para o seu voo, ou sai correndo freneticamente, liberando adrenalina? Chega ao aeroporto no último minuto? Quando há uma fila longa para passar pela segurança, você fica inquieto, preocupado de não dar tempo? Você tem de correr para o portão de embarque? Já foi o último a entrar no avião, não porque o avião atrasou, mas porque se atrasou? Ou você age pontual, consciente e tranquilamente ao chegar ao aeroporto?

12. **Consigo parar meu carro dentro da garagem com comodidade, sem um monte de coisas no caminho. V/F**
Você tem tralhas que vão do teto até o chão na sua garagem? É preciso que um (ou mais) dos seus carros tenha de ficar fora da garagem porque ela está cheia demais?

13. **Meu local de trabalho está limpo e em ordem; é um lugar muito confortável para produzir resultado. V/F**
Sua mesa está organizada, ou está em completa desordem? Seu escritório está um caos? Você ficaria orgulhoso de mostrar sua mesa para alguém, ou ficaria envergonhado se alguém entrasse no seu escritório?

14. **Faço listas, concluindo e marcando os itens de maneira pontual, tranquila e precisa. V/F**
Você escreve em uma lista as coisas que pretende realizar no dia? Ou resiste em fazer listas? Você está no controle? Esquece as coisas que devia estar fazendo? Acaba se atrasando, perdendo compromissos e deixando que os outros o lembrem?

15. **Sou bom em organizar minhas atividades e raramente me atrapalho. V/F**

Você corre por aí como uma galinha com a cabeça cortada? Ou planeja eficientemente suas atividades? Você fica constantemente de um lado para o outro, voltando aos itens que esqueceu, ou é minucioso e organizado, com uma rotina e um sistema?

16. Respondo perguntas rapidamente, sem precisar pensar na resposta. V/F

Você responde as perguntas decisivamente, ou pensa e repensa antes de dar uma resposta? É uma pessoa que consegue responder uma pergunta diretamente, ou você começa a contar histórias?

17. Raramente repito uma pergunta quando alguém me faz uma pergunta. V/F

Você se treinou para não repetir perguntas? Ou repete a pergunta que alguém lhe fez para que você possa parar e pensar em como responder da forma perfeita? Você consegue ouvir uma pergunta e simplesmente dar uma resposta, ou precisa pensar, repetir e levar de três a oito segundos para responder?

18. Raramente digo "hum" quando respondo uma pergunta ou começo uma sentença. V/F

"Hum" não é uma palavra; "hum" é um som. Você tem o hábito de recorrer ao "hum" para ganhar tempo; ou é decidido e congruente o bastante para tirar esse som do seu vocabulário?

19. Sou detalhista e preparado quando vou às compras e raramente esqueço alguma coisa. V/F

Você vai ao mercado sem levar uma lista e se pergunta por que gastou 300 reais, quando pretendia gastar apenas 100 reais? Você é tão desorganizado com suas compras quanto é com sua garagem ou seu armário? Olha os preços e faz uma ideia do que comprar, ou simplesmente pega as coisas na prateleira sem a menor intuição? Você leva uma lista? Pega apenas os produtos dessa lista? Ao chegar em casa, guarda todas as compras de forma eficiente?

20. Sou minucioso quanto à minha bagagem em viagens de negócios ou férias. V/F

Você planeja o que levar, ou amontoa tudo dentro da mala no último minuto? A sua mala fica tão cheia que você tem de sentar em cima dela para fechar o zíper? Quando chega ao aeroporto percebe que ela está pesada demais e é obrigado a pagar uma taxa extra? Você pode não ter noção disso, mas a sua mala é uma representação do seu estado emocional. É organizado e minucioso? Você se considera alguém que faz bem suas malas?

21. Lavo minhas roupas regularmente; elas nunca se acumulam e nunca fico para trás. V/F

Você lava suas roupas apenas quando fica sem nada para usar? Você tem pilhas de roupas em seu quarto e na lavanderia? Você precisa de mais um cesto de roupa suja para dar conta? Ou tem orgulho da maneira que pendura e dobra suas roupas?

22. Sou bom em cumprir prazos e frequentemente termino minhas tarefas bem antes dos prazos. V/F

Você tem uma visão para os prazos? Termina os projetos com antecedência? Tem um plano, um método, uma rotina? Ou você não tem direcionamento, está sempre atrasado em relação aos horários, recebendo feedbacks negativos por não conseguir cumprir os prazos?

23. Minha casa é excepcionalmente limpa e organizada. V/F

A sua casa é limpa e organizada, ou é uma zona de batalha, um chiqueiro, uma receita para o desastre? Você costuma deixar as coisas fora do lugar, ou não sabe onde guardar papéis importantes por causa da bagunça? Ou sua casa é limpa, sem bagunças e calma?

24. Não deixo meus armários abarrotados. V/F

É difícil pendurar uma peça de roupa porque seu armário está amontoado? Você tem caixas empilhadas no armário? Você tem pilhas de sapatos, uns em cima dos outros? Você tem vergonha do seu armário, ou tem orgulho do quão organizado ele é?

25. Quando vou sair à noite, raramente tenho de fazer algo no último minuto. V/F

Você precisa constantemente ligar para outras pessoas para cuidarem de assuntos que esqueceu? Espera até o último minuto para se vestir? Você tenta fazer duas ou três coisas ao mesmo tempo, ou sai de casa calmamente sem qualquer preocupação, como se desligou o ferro de passar roupa ou se trancou a porta? Você sai de casa em um estado agitado ou em um estado relaxado?

26. Raramente fico atrasado com as minhas tarefas diárias. V/F

Você tem um método de operação? Tem uma rotina diária, uma que segue à risca? Você tem hábitos simples, os quais realiza todo dia? É uma criatura do hábito? Você acorda todo dia no mesmo horário? Ou vive a esmo, sem um senso de plano diário?

27. Raramente me sinto sobrecarregado emocionalmente. V/F

Você opera em um estado calmo e tranquilo? Vive a vida como ela é, ou geralmente se atrapalha? Você tenta controlar as situações, ou vive o momento? Costuma estar com raiva, ressentido e sobrecarregado? Você provoca drama e caos? A você falta direcionamento, ou realmente está vivendo o momento?

28. Costumo manter o tanque do carro cheio; raramente dirijo até que o tanque fique quase vazio. V/F

Você espera até o último minuto para abastecer? Já ficou sem combustível mais de duas vezes na vida? Você gosta de forçar os limites por causa da descarga de adrenalina que recebe? Ou sua experiência ao volante é calma e agradável, sem dramas desnecessários?

29. Tiro o lixo com frequência para que ele não acumule. V/F

Você espera até o lixo estar empilhado antes de tirá-lo, ou o leva para fora pelo menos uma vez no dia? A sua lata de lixo tem mau cheiro porque você a esvazia com pouca frequência? Você se esquece de colocar o lixo para fora, ou se certifica de deixar preparado na noite anterior para o caminhão retirar?

30. Sou comprometido com uma rotina de exercícios pelo menos três ou quatro dias na semana. V/F

Você tem uma rotina de exercícios? Está acima do peso? Você mascara seus sentimentos com comida? Você sempre diz que vai entrar em forma, ou que vai perder peso? Tem uma rotina simples de exercícios que segue com regularidade? Você é estruturado ou desestruturado? É conformado ou inconformado? É um rebelde ou uma pessoa producente?

31. Não deixo meus e-mails se acumularem. V/F

Você limpa sua caixa de entrada a cada duas horas, ou deixa seus e-mails não lidos se acumularem o ponto de perdê-los? Suas habilidades de atendimento ao cliente são excepcionais? Você tem um sistema para arquivar e-mails que deseja consultar mais tarde? Ou processa seus e-mails de maneira aleatória, sem foco?

32. Sou bom em responder rapidamente e-mails e mensagens no Facebook. V/F

Você deixa as mensagens se acumularem o ponto de ficar sobrecarregado? Ou sistematicamente as mantém atualizadas, respondendo-as rápida e eficientemente? Você perde tempo em sites de mídia social, deixando-se distrair? Ou utiliza a mídia social de maneira a engrandecer seus objetivos e sua vida?

33. Quando o despertador toca, me levanto prontamente, começando meu dia renovado, alerta e pronto para produzir. V/F

Você fica na cama após o despertador tocar e inventa desculpas para não levantar? Você aperta o botão "soneca" mais de uma vez? Você acorda em um horário determinado, sem precisar do despertador, ou acorda antes de o despertador desligar? Você se esquece de acertar o despertador, causando drama e caos antes mesmo do dia começar? Você vai dormir em um horário razoável toda noite, para ter uma noite de descanso, ou vive desregradamente?

34. Ao planejar festas, seminários, e assim por diante, faço-o com bastante antecedência. V/F

Você espera até o último minuto para planejar os detalhes sobre os eventos ou as festas? Você se pega tentando desesperadamente fazer reservas em um hotel no último minuto? Geralmente tem de pagar mais porque é obrigado e não porque quer? Você é o tipo de pessoa que sempre fica no melhor quarto, no melhor hotel, pelo melhor valor, porque fez sua lição de casa e planejou com antecedência?

35. Raramente deixo alimentos estragarem na geladeira; minha geladeira é organizada e limpa. V/F

Você é como um rato com a sua geladeira? Ela é superlotada, tornando difícil achar as coisas? Você compra mais do que precisa no mercado e depois percebe que não tem como consumir? Você é viciado em compras de mercado? A comida que você compra acaba estragando? Ou você mantém uma geladeira levemente, mas bem abastecida, que é limpa e organizada? Você limpa com regularidade as prateleiras, as portas, as gavetas? Ela é tão lotada a ponto de você odiar abrir a porta?

36. Determino metas realistas e realizáveis e geralmente as conquisto. V/F

Você define metas tão grandes que não consegue conquistá-las? Define objetivos que o deixam tão sobrecarregado que não consegue nem começar? Você cria objetivos que são apenas um motivo para adiar, ou define objetivos realistas e alcançáveis, que você consegue conquistar, mesmo que precise fazer um esforço? Você precipitadamente define objetivos que não realiza, ou define seus objetivos cuidadosamente, os quais pretende alcançar e os alcança de fato?

37. Cuido de todas as tarefas necessárias antes de relaxar e ir para a cama. V/F

Você é bom em planejar seu dia na noite anterior? É bom em deixar tudo resolvido antes de ir para a cama? Você desempenha tarefas rotineiras para não precisar cuidar delas pela manhã? Ou cai na cama, exausto, deixando muitas tarefas rotineiras inacabadas? Você é um "faz tudo", ou tudo que faz é adiar?

38. Tenho um controle regular do meu talão de cheque, assim como das minhas finanças. V/F

Você deixa de registrar valores no seu talão de cheque? Você não tem ideia de quanto há em seu talão de cheque? Você fica sem dinheiro quando fica sem cheques? O seu balanço de finanças está em completo caos? Você dá ao seu contador uma caixa com diversos recibos no final do ano, ou separa e organiza os recibos? Você mesmo registra os dados, economizando quando tiver impostos para pagar?

39. Conheço minhas despesas gerais do mês, tanto pessoais quanto do meu negócio. V/F

Você tem noção do dinheiro que entra e do dinheiro que sai? Você tem planos de poupança pelos próximos anos, ou vive de pagamento em pagamento? Você mantém um orçamento familiar? Você gasta dinheiro sem fazer a menor ideia se realmente tem condições? Você costuma incorrer em taxas de cheque especial em sua conta-corrente? Você dedica um tempo para criar uma estratégia fiscal para os próximos anos? Você é um administrador consciente do seu dinheiro?

Seu índice de procrastinação

Agora que você fez o quiz do procrastinador, vamos ver onde realmente se encaixa como postergador. Lembre-se, você somente adia em áreas isoladas nas quais percebe dor e/ou rebeldia, então, mesmo que sua pontuação não seja favorável, lembre-se de que pode acabar com quaisquer vícios e/ou emoções um dia por vez. Para acabar com qualquer hábito, é preciso que você comece abordando os sentimentos que afetam a causa.

Para saber sua pontuação, some um ponto para cada questão que você marcou como "falso" e veja o total.

> **24 ou mais:** Você é um procrastinador crônico e o adiamento o mantém preso em muitas áreas da vida.

> **14 a 23:** Sua procrastinação beira a crônica, você precisa de uma sessão de inspeção geral, na qual deve se livrar do máximo de bagunça e postergação que puder.
> **6 a 13:** Você é um procrastinador moderado a mediano, que precisa definitivamente de alguns ajustes, mas está se saindo bem em seu caminho para se tornar um procrastinador em reabilitação.
> **5 ou menos:** Você é altamente produtivo e a procrastinação é um problema mínimo na sua vida. Porém, há sempre oportunidades para melhorar.

Lembre-se, você nunca marcará 100% em pontuação nenhuma dessa natureza. O adiamento é um efeito, não uma causa. Para se tornar um procrastinador em reabilitação, você deve ter consciência de por que você faz o que faz. Seu foco deve ser se desprender das áreas nas quais esse efeito aparece em sua vida. Seu objetivo é se tornar consciente dos seus sentimentos que o levam a postergar. Um modo de começar é respirar bem fundo, do fundo do seu diafragma, e mais fundo ainda, das suas entranhas, para que você liberte a dor que o mantém fazendo sempre a mesma coisa, preso na procrastinação.

Parabéns por chegar ao final deste livro. Celebro o sucesso que você terá na sua contínua jornada de reabilitação da procrastinação. Você definitivamente merece se ver livre das limitações que o adiamento introduziu na sua vida – você merece conquistar tudo!